なぜ、一流の人のデスクはキレイなのか?

片づけが9割

清水申彦
SHIMIZU NOBUHIKO

SOGO HOREI PUBLISHING CO., LTD

まえがき

「会議で配られた企画書を出してくれ」と上司に言われ、デスクの上のファイルの束から慌てて探すものの、見つからない。取引先に連絡をしようと名刺を探すけれど、どこにあるのかわからない……。

そんな経験はありませんか？　もし心当たりがあるなら、この本を読んでいるいまも、あなたのデスクの上には資料やファイルが無造作に積んであるのでは……。

アメリカのコンサルタント会社、オーダー・フロム・カオスが調べたデータに「ビジネスパーソンが仕事中に探し物に費やす時間は、1年に平均約150時間」というものがあります（『気がつくと机がぐちゃぐちゃになっているあなたへ』〈リズ・ダベンポート著・草思社〉）。

1日8時間労働と考えると、実に20日弱。この探し物の時間がなければ、その分仕事を進めることができたり、休息にあてられたりするわけです。

一方で、探し物に余計な時間を使わず、サクサクと仕事を進めてさっと定時に帰り、成果を上げているビジネスパーソンもいます。

優秀なビジネスパーソンに共通しているのは、デスクや身の周りがきれいに片づいていること。当然探し物をすぐに取り出すことができ、何か作業をするときにもすぐ始められます。整理されていれば、資料やモノが紛失することもありません。ミスも少なくなります。また、モノを片づける思考はアイデア思考やスケジュール管理にも役立ちます。身の周りが片づいている人は、生産性も高いのです。

本書では、職場の机や身の周りを片づけるさまざまな方法、さらには仕事（タスク）の整理、仕事をする上での思考の整理までお伝えします。

モノや思考を整理することで仕事のスピードが上がれば、おのずとそのクオリティも上がります。もちろん成果も上がっていきます。本書がスピーディーな現代社会で働くみなさんのお役に立てば、何よりもうれしく思います。

CONTENTS

第2章

「データ」を効率よく扱う

CONTENTS

第3章

「紙」をスッキリと整理する

第4章 「書く」で仕事がうまく回る

第5章 「思考」を整えれば結果が出る

CONTENTS

第 1 章

身の回りの「モノ」を片づける

探しモノが減れば
仕事時間が増える。
定時に帰れる。

デスク

捨てる判断を「保留」すれば整理はグッと楽になる

片づけをする上で基本となるのはデスク周りです。ここにモノが散らかることで、仕事の効率が下がります。

デスクを片づけようとするとき、誰もが最初に考えるのは、いらないモノを捨てることです。ここで片づけが苦手な人は、本当に捨ててよいモノか、取っておくべきモノか、捨てるならいつ捨てるのかなどその判断に悩んでしまいます。それは、捨てる／捨てないの2択で考えるから悩んでしまうのです。そんなときは、次に示す手順で判断を「保留」できるようにしましょう。

①一度全部取り出す

②「いる」「いらない」「わからない」の3つに分ける

③いるモノはしまう。いらないモノは捨てる。わからないモノは箱にしまう
④箱にしまったモノは期日を決めて、期日が過ぎたらそのまま捨てる

一見遠回りのようにも思えますが、まずはいったんすべて取り出しましょう。このとき、「いる」「いらない」「わからない」の3つの箱を用意して、それぞれに分類します。

ポイントは「わからない」の箱を作ることです。判断を保留できることで、悩まずに全体の分類がスムーズに進んでいきます。その上で、いるモノは箱から出して整理しながらしまっていきます。いらないモノは当然捨てます。

さらにこのとき、**「わからない」モノを捨てる期日を決めます**。その期日内に使うことがあれば必要なモノで、使わなければ不必要だと考えます。期日がきたら、中身をチェックすることなく捨てましょう。

POINT
捨てる期日はなるべく短く設定しましょう

デスク

机の上をシンプルにして作業スペースを確保する

本書を会社のデスクで読んでいる方もいるかもしれません。その方は自分の机の上を見回してみてください。ほかの場所で読んでいる方は、いまの自分のデスクを思い出してみてください。

机の上の整理の鉄則は「必要のないモノは置かない」です。常に、いま使うモノだけを置くように心がけましょう。

必要最低限のモノだけを置くことで、作業スペースを確保することができます。改めて見てみると、机の上には使わないモノが置いてあることも多いと思います。「いずれ使うだろう」と思っていたモノは、いつまでたっても使わないことがほとんどではないでしょうか。

基本的な考え方は次の３つになります。

①作業中の仕事のモノは机の上
②使用頻度の高いモノは手元に
③使用頻度の低いモノは遠くに

次に考えなければならないのが**動線と配置**です。右利きの人であれば、電話を受けながらメモを取るために電話は机の左側、メモ帳とペンは机の右側に配置することになります。

おすすめしたいのが、筆記用具の周りに関連性のある修正液や手帳を置くこと。同じ作業の中で必要になるモノなので、近くに置くことで探す手間を省けます。

POINT
ときどき机の上の配置を見直してみましょう

デスク

「先手」の整理で仕事をスムーズに

毎日の仕事を終わらせることを優先して、デスク周りの整理はどうしても後回しになってしまう。そうして必要な資料が見つからない、モノを探すのに時間を取られて思うように仕事が進まない……。

そうした人は、後手に回った片づけをしてしまっている場合が多いように思います。探しモノが見つからないから整理する。これでは、いつまでたっても探しモノのために時間を取られることから逃れられません。

仕事をスムーズに運ぶためには、「先手」の整理を目指しましょう。

ここではそのコツを3段階で紹介します。

①仕事が少しでもスムーズにいかなくなったら整理する
②忙しくなる前に整理する
③毎日整理する

①は、**忙しくなったときにあえて仕事の手を止めて、デスク周りを片づけます。**どこに何があるのかわからないから忙しい、という状態の場合は、これで解決できます。

さらに先回りをして、②のタイミングで片づけることができれば、**忙しいときに探しモノに時間を取られることはなくなります。**

そして理想的なのは③。長い間片づけをしていないと、いざ整理をする際には大きな負担になります。そのために、例えば毎日15分間と**時間を決めて整理**をしましょう。仕事中に整理をすることに後ろめたさを感じてはいけません。整理も大事な仕事です。

POINT
片づけは集中モードへのスイッチにもなります

デスク

朝の整理は成功の秘訣

前項で、毎日時間を決めて片づけをすることをおすすめしました。

では、その日のいつごろに片づけをするのがよいのか。終業時にするという人もいれば、朝イチでという人もいると思います。お昼休みという人もいるでしょう。

片づけをすることで気持ちよく仕事に取り組むことができているのならば、基本的に片づけはいつ行っても構いません。ただ、いまの自分の整理方法に疑問を持っていたり、うまく片づけができないと感じていたりする人は、ぜひ「朝」に整理を行ってみてください。

なぜ朝に行うのがよいのか。それは、**クリアな頭の状態で整理が行える**からです。

夜の頭は1日の疲れがたまり、ボーッとしています。当然効率も悪くなりますし、ミスも増えます。例えばそんなときに、重要書類のファイリングをすればどうなるでしょうか。間違えてシュレッダーにかけてしまったり、分類を間違ってしまう可能性もゼロとはいえません。また、早く帰りたいという気持ちも働き、片づけの手を抜きがちになります。

5分、10分と短い時間でも、朝に片づけをすることで、さまざまなよい影響があります。

モノが片づくだけでなく、仕事に関する書類などを確認しながら整理することで、頭の中も整理できます。

その日に何をしなければいけないのか、どんな順番ですればよいのかといったスケジューリングも、整理と同時に行えるようになるでしょう。

POINT

始業の前に片づけができれば理想的

デスク

「立てる」収納がスッキリの秘訣

以前、テレビ番組でTシャツや下着類を立たせて収納しているシーンを見たことがあります。そのほうが取り出しやすく、スペースの有効利用にもなるとのことでした。

この「立たせて収納」は衣類だけではなく、書類や文房具にも応用することができます。例えばペン立て。横に並べるよりペン立てに差して整理したほうが省スペースになります。

それに、ペンを寝かせた状態で置いておくと、実際に使用するまでに、取る、持ち直す、あるいは持ち替えるというように、2、3アクションが必要になります。ところが**ペン立てに差しておけば、1アクションで書き始められ、時間**

短縮の効果もあります。

このペン立てはペンを立てるだけではなく、ほかの細々とした文房具にもおすすめです。ステープラー（いわゆるホッチキス）やハサミ、カッターなど。これらはみなさんもやっている片づけ方法かと思います。

もう少し進んで、一見立てて収納できないものを立てて収納できないかと考えてみましょう。例えば充電器。充電器をそのまま置いておくと、コードが無造作に出て見栄えもよくありません。ペン立てに入れることでスッキリとした印象に変化します。

頻繁に使うファイルや書類などは、ファイルボックスを使って立てて収納しましょう。ボックスごとに入れる書類を決めておけば、収納＝整理になります。机の上に横に積んでいるのなら立てて収納するとスペースも生まれます。また、ボックスごと持ち運ぶこともできますし、紛失も少なくなります。

POINT
一見立てられないものでも立てる工夫を

デスク

輪ゴムを使ってペン立てに仕切りを作る

机の上に常時セットしておく文房具は使用用途やタイプごとに分類しておきましょう。置く場所が決まっていることで探す時間が省けますし、使ったあとも戻す場所が明確になることで片づけやすくなります。

この発想を、より進化させた整理法を紹介します。

具体例として、ここでも前項と同じペン立てで説明します。方法はとても簡単。ペン立てに輪ゴムを何本か縦に巻き付けて、ペンを差す部分を仕切るだけです。**輪ゴムの数を増やせばその分細かくスペースが作れる**ので、自分の使う文房具の数によって調整しましょう。

配置は、シャーペンやボールペンといったよく使うモノを手前に。奥側に使用頻度の低い蛍光ペンや修正液などを入れておくと、無駄な動きが少なくなります。

また、モノが片づけられない人の特徴として、同じモノを複数持っていることが挙げられます。例えば自分の机にはシャープペンが何本あるか、すぐには答えられない人もいるのではないでしょうか。

たくさんあればすぐに見つけることができるようですが、実際にはどこにあるのかわからないため、結局毎回探すことになってしまいます。

スペースを区切って置き場所を決めることで、ペン立ての中に何があるのかが一目瞭然《いちもくりょうぜん》になります。それによって同じ文房具が重複することを防ぐことができますし、どれかが足りない場合でも、すぐに気付いて補充することができます。

POINT

初めから仕切りのあるペン立てもあります

デスク

足元やデスク横に収納スペースを作る

限られた空間を有効活用するためには、視点を変えてスペースを生み出すことも大事です。

机の場合、その広さや形によっていろいろな方法がありますが、ここではより汎用的な方法を紹介します。

まず、体の前面にある引き出しの下にマグネットを貼ります。ティッシュボックスの裏面にもマグネットを貼って引き出しの下に逆さまに貼り付ければ、机の上にティッシュボックスを置くことなくスペースの有効利用になる上、最後の1枚までティッシュをスムーズに取り出せます。

デスクの側面にフックを付けると、バッグを引っかけておくことができます。

目の前にパーテーションがあるタイプのデスクでは、引っかけ型のフックをたくさん付けることができますし、得意先の電話番号など使用頻度の高い名刺や書類、カレンダーなどを貼り付けることもできます。

机の下のスペースにデスクトップ型のパソコンを収納する場合がありますが、ディスクの取り出しやUSBの接続のために、手前に置くことが多いようです。その後ろはデッドスペースになってしまいます。この場合、キャスター付きの台に乗せておけば、普段は奥に引っ込ませておいて、使いたいときにだけサッと手前に引き出すといったこともできます。机の下に簡単な棚を置くこともおすすめです。室内履きやカバンを置くスペースになります。

ほかにもデスク周りでスペースを生み出す方法はあります。自分なりにカスタマイズしていきましょう。「デッドスペース」をどうやって活かすかを考える癖がつくと、デスクの使いやすさは抜群に向上します。

POINT
デッドスペースを探す意識を持とう

引き出し

引き出しはトレイを使って整理整頓

せっかく引き出しの中を整理しても、開け閉めすることで中のモノが動いてしまい、結局引き出しの中で散らかってしまう……。そんな経験はないでしょうか。

引き出しの中を整理する上でおすすめなのが、トレイを活用する方法です。基本的なテクニックですが、意外と実践している人は少ないようです。**簡単な割に、とても効果が大きい**のが特徴です。

ポイントは、次の3つです。

①トレイは必ず薄いものに

②トレイの中で過度に動かないサイズ感

③トレイのモノの配置は使用頻度の高いものから手前に

①は**クリップなどの小さなモノの場合、トレイは薄いものを選ぶ**ようにしましょう。深すぎてしまうと、取り出しにくくなります。ただ、引き出しを開けたときに飛び出すほど薄いものは避けるようにしましょう。

②は**1つのトレイに1つのモノが入るようなサイズ感**のものを選びましょう。中のモノが過度に動くほどに大きいトレイではスペースに無駄が出ますし、見栄えもスッキリしません。大きなトレイで仕切りのあるものを使う場合は、一つ一つの仕切りが大きすぎないものを選びましょう。

③は先に紹介したペン立てを輪ゴムで仕切る方法と同様に、消しゴム、ハサミ、シャチハタなど、**よく使うものを取りやすい手前の位置に配置しましょう。**最初は意識する必要がありますが、入れる場所を決めて繰り返し使うことで、自然と元の位置に戻せるようになります。

POINT
引き出しのサイズを測ってからトレイ選びを

引き出し

ボックスファイルとA4ファイルのコンビ技

デスクの引き出しの最下段は、多くの場合、スペースが最も大きな引き出しになっていると思います。読者のみなさんはこのスペースをどのように活用しているのでしょうか。

なんとなくほかの引き出しと同じような使い方をしている人もいれば、カバンや私物を入れている人もいると思います。ここはせっかく深さのある引き出しです。ほかの引き出しと同じ使い方ではもったいないと思います。

そこでおすすめするのは、ボックスファイルにA4ファイルの背表紙を表に向け、立ててボックスファイルごと収納する使い方です。**席に座った状態で引き出しを開けると、背表紙が正しく読める状態**にしましょう。すぐに取り出しやすいですし、何のファイルかが一目《ひとめ》でわかります。

ボックスファイルを複数収納する場合はそれぞれをダブルクリップで留めましょう。倒れることなく、収納できます。

ボックスファイルとA４ファイルで書類を管理することで、書類がなくなることを防ぎ、出し入れも簡単になります。ボックスファイル自体を取り出すことも楽にできます。

POINT

A４ファイル以外のモノを入れるのにも便利です

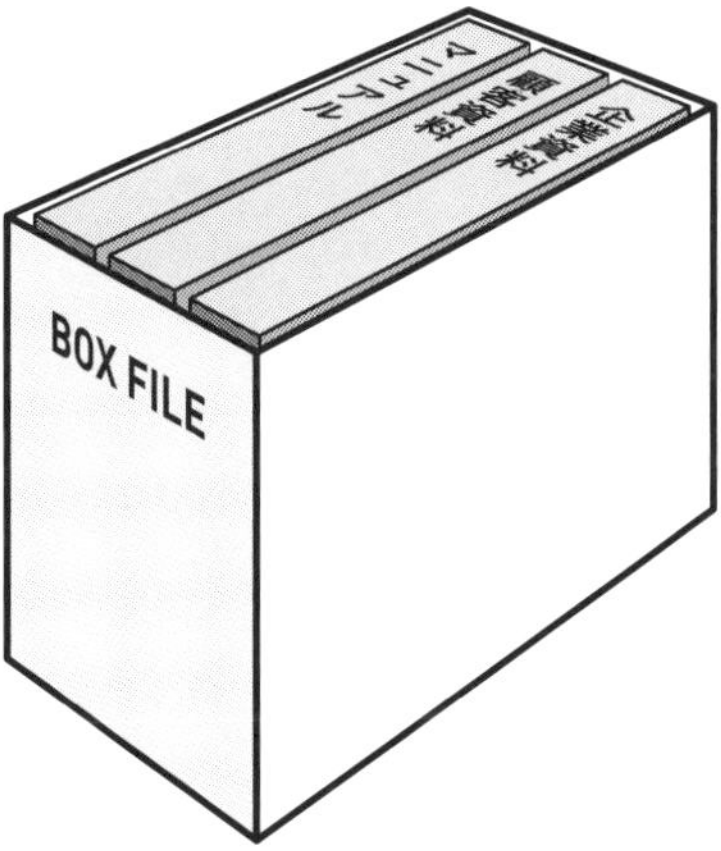

引き出し

常に空の引き出しを1つ作る

仕事が終わらず、机の上に書類などをそのまま放置して、会議に向かったり、別場所で作業したりなど、よくあることだと思います。しかしそれでは、机の上は散らかったまま。理想は机の上を片づけてから別の仕事に向かうことです。そこで、机の上をすぐに片づけるために提案したいのが、「収納しない」引き出しを作り、活用することです。

一般的なオフィスの机には3段タイプの引き出しと体の正面に広くて浅い引き出しが付いています。このうち1つは空の状態を維持するようにしてください。おすすめは正面の浅くて広い引き出しを空にすることです。その**空の引き出しを書類の一時保管の場所として使う**のです。「一時的に置いておく書類を入れる」ことで、自分が手を付けていない書類の場所や仕事のボリュームが明らかになり、仕事の進行管理にも役立ちます。

大切なことは**処理した書類はファイリングして、一時保管の引き出しからちゃんと抜き出す**こと。引き出しを空けて中に書類が入っていれば、それは処理しなければいけないものです。これで処理するのを忘れてしまうという凡ミスも減るでしょう。

また、書類の性質によっては、社外秘のものや、他人の目に触れないようにする必要があります。そうした書類をデスク上に置いたまま席を離れてはいけません。引き出しの中に入れることで、離席中に人目に触れないようにできます。

机の上もきれいな状態を維持でき、例えば自分が席を外したときに、誰かがメモを置いたことなども、わかりやすいという利点があります。一石二鳥や三鳥のテクニックです。

POINT
一時保管は体の正面の引き出しが使いやすい

ロッカー

「吊《つ》るす」収納ワザで広く使う

読者の中には、自分専用のロッカーを職場で使っている人もいるでしょう。ロッカーもデスク周りと同様にしっかりと片づけて、使い勝手をよくしたいものです。デスク周りに置けないモノや、私物などを取り出しやすく、またきれいに置くことで、仕事の効率化にもつながります。

そこでおすすめしたいのが、「吊るして」収納するテクニックです。

衣類を掛けるためにハンガーを使う人は多いでしょうが、S字フックを使えば、カバンを掛けたり、袋にモノを入れて掛けておくこともできます。このように**「吊るす」ことで、収納スペースが増えるのです。**

ロッカーがスチール製なら、マグネット式のフックを取り付けてもよいでしょう。ネクタイなども掛けることができます。
底面には、なるべくモノを置かないようにすることで、衛生的にもなります。ホコリもたまらず、掃除も簡単です。

棚のあるタイプのロッカーでは、**頻繁には使わないモノを棚に置く**ようにしましょう。使わないモノ、動かさないモノを置く場所を決めてしまうことで、使いやすい中心部を広く使うことができます。

おすすめは非常用グッズです。会社から支給されている人も多いと思います。ヘルメットや非常食は上段に、非難時に履くスニーカーを下段に。非常食の場合は賞味期限のチェックもしやすくなりますし、いざというときにもどこにあるのか探すことなく、すぐに取り出せます。

POINT
月に1度はロッカーの整理をしましょう

本棚

簡単なルールで本の検索性をアップ

仕事の資料として本を頻繁に購入している人も多いのではないでしょうか。本を保管するスペースとして本棚を使うことが多いと思いますが、頻繁に購入すればすぐいっぱいになって棚からあふれてしまいます。また、置き方を工夫しないと、必要な本をすぐ取り出せなかったり、買っていたこと自体を忘れて同じ本をまた買ってしまったり、時間とお金を無駄にしてしまうこともあります。

まず大前提として、本は縦に並べましょう。横にして積んでしまうといわゆる「積《つ》ん読《どく》」状態になり、下にある本の存在すら忘れてしまう可能性が出てきます。あるいは下の本を取り出そうとして崩れてしまうことも。

並べる順番は、書店のように著者名またはタイトルで五十音順にしていくのが理想ですが、ずっとその状態をキープするのは大変です。

そこでおすすめなのが、**読み終えて棚に戻そうとしている本、または読んでいる途中の本を本棚のいちばん右上（または一番左上）に戻していく**というものです。こうすると、古い本（すでに読み終えて棚にある本）などはその反対方向に押されていきます。本棚が本でいっぱいになってしまったら、古いほうへ押されていった本を処分していきましょう。

もう1つ簡単なテクニックを。**読み終えた本は上下逆（背表紙が逆になるように）にして棚に戻します。**すると、読み終えた本とまだ読んでいない本が一目でわかるようになります。このようにルールを決めていくと、必要な本がすぐ見つかるほか、読んでいない本がわかりやすくなります。

POINT
電子書籍での資料収集も検討してみましょう

カバン

持ち物はカバンの中での「住所」を決めておく

あなたのカバンの中には何が入っていますか?
あなたのカバンの中のどこにポケットティッシュが入っていますか?

こうした質問にすぐに答えられるでしょうか。あなたのカバンは必要のないモノが入っていて重くてかさばっていたり、必要なモノをすぐに取り出せない、どこに何が入っているのかわからない状態になっていませんか。
これらの問題をまとめて解決するのが、カバンに入れるモノの「レギュラー」とそれぞれの「住所」を決める方法です。

カバンの中に不必要なモノまで入っている人は、一度カバンの中身をすべて取り出して見てみましょう。そして**明日必要なモノだけを選んでカバンに戻します。**雑誌や昔の書類、使えなくなった筆記用具など、意外と必要ではなかった持ち物の多さに気付くはずです。

さらにその翌日、ほかに必要なモノがあれば入れて、使いそうもないモノがあったら取り出しておく。そうしていくことで、カバンの中の「レギュラー」が決まります。

レギュラーが決まったところで、それぞれの住所を決めていきましょう。例えば、ペンケースはカバンの内部の一番大きなスペースの右側に、ティッシュは小さいポケットに、定期券（定期入れ）は一番取り出しやすいサイドポケットにといった具合です。

これは必ずここに入れると決めることで、紛失の可能性も減少します。探す手間もかからなくなります。またポケットなどを活用することで中央のスペースを空けることができ、大きなモノの出し入れもスムーズになります。

POINT

使ったあとは必ず元の位置に戻しましょう。

カバン

仕事グッズは「道具箱」にまとめて入れる

仕事がデキる人とそうでない人の違いは、カバンの中に表れます。ノートや筆記用具といった小物がしっかりと整理してあり、必要なときに必要なモノを取り出せる状態にある人は、やはり効率的に仕事を進められるデキる人なのです。

カバンの中が散らかっていると、それだけで相手にだらしない印象を与えます。クライアントを訪ねて商談しようとしても、必要な書類を取り出せずに相手を待たせてしまっては、「仕事ができない人」というレッテルを貼られても仕方がありません。

とはいえ、忙しいときにカバンを整理している余裕なんてない、という人も多いでしょう。

そこで活躍するのが適度な大きさの道具箱です。シャープペン、ボールペン、消しゴム、定規といった基本アイテムをはじめ、資料やノートなどの仕事グッズをこの道具箱に収めます。それをバッグの中に入れておけば、**道具箱ごとバッグから取り出すだけで、仕事に必要なアイテムを手元に揃えることができます。**社内に戻ってからでも箱1つを取り出せばいいだけなので便利です。

また、最近では通勤にはビジネスリュックを使い、クライアント先と社外で会うときはブリーフバッグを持って行くというように、その日の予定に合わせてバッグを使い分けている人も多いようです。

こういった場合、バッグからバッグへ仕事道具を入れ替えるのは面倒です。**必要なモノを道具箱にまとめて管理していれば、それだけを入れ替えればいいの**でスムーズにカバンを持ち替えることができます。

POINT

道具箱があればバックからバックへの入れ替えも楽チン

カバン

充電器やコード類は端末のタイプがわかるように収納

最近のビジネスシーンでは、外出時にスマートフォンやノートパソコンを使うことも増えています。日中に会社にいることの少ない営業担当の人の中には、外でインターネットを使うことができなければ仕事にならない、という人もいるでしょう。

デジタル機器に付きものなのが、充電器や接続コードです。最近では新幹線や公共スペースなど、電源を使えるところは増えてきましたが、自分の機器に合った周辺機器を常に持っておく必要があります。

スマートフォン用の充電器、ノートパソコン用の充電器、2つをつなぐ接続コード、予備のバッテリー、USBメモリ……これらをまとめてカバンに放り込んでしまうと、どれがどこにあるのかわかりづらかったり、絡まって取り出しにくくなったりします。ついイライラしてしまう人も多いのではないでしょうか。

これらも、この機会に取り出しやすく整理してみましょう。

おすすめなのは、**中身が見える小型のケースやポーチです。あるいは色分けやラベルを貼るなどして、何が入っているかがわかるようにする**のでもいいでしょう。

せっかく細かく分類してカバンの中に入れても、外から見て何が入っているのかがわからなければ、結局開けて確認しなければなりません。使いたいモノでなければ、また蓋を閉めて探す手間が必要になります。

いまは１００円ショップなどでも、いろいろな種類のケースを買うことができます。大きさ、色、形などたくさんの種類があるので、自分に合ったものを探してみましょう。

POINT

コードを巻いて保管すると断線の危険が

財布

財布の使い方も工夫できる

デキるビジネスパーソンは財布の使い方も違います。会食の際の会計時などに、レシートやポイントカードであふれかえった財布を取引先の方に見られてしまうと、悪い印象を与えてしまうことになるかもしれません。
ちょっとした工夫で、財布はグッと使いやすくなり、スマートに使用することでイメージアップにもつながります。

まずはどのタイプの財布を選ぶべきかを考えていきます。財布には主に、長財布、二つ折り財布の2つのタイプがあり、それぞれにメリット、デメリットがあります。**ビジネスシーンでおすすめなのは、長財布**です。二つ折り財布に比べ薄いため、スーツの内ポケットに入れることもでき、詰め込みすぎなければばスーツのシルエットが崩れることもありません。また、お札を折り曲げることなく収納できるので、お札（お金）を大切に扱うことで金運アップにもつながるといわれています。

長財布を使う上でまず意識しなければならないのが、二つ折り財布に比べて収納力に劣る、ということです。しかし、入る量が少ないと入れる中身を厳選することにつながり、必要なモノを取り出す際に見つけやすくなります。一年以上使っていないポイントカードなどを財布に入れたままの人も多いのではないでしょうか。すぐに整理しましょう。

また、**領収証やレシートは受け取ったその日のうちに財布から取り出す**ようにしましょう。経費精算に使うモノは職場の引き出しにまとめておく、家計簿や確定申告に必要なモノはクリアファイルにしまう、といったひと手間を加えるだけで、あとでそれらを処理するのも楽になるはずです。

POINT
小銭はなるべく電子マネーも活用していく

スーツ

意外に知らないポケットの常識と活用法

ジャケットの表には、左胸と左右の腰部分にポケットが配されています。このポケットは伝統的なデザインとして付けられたもの。小さな物なら入れられますが、**表側のポケットは基本的に使わない**ようにします。何かを入れてしまうとシルエットが崩れてしまいます。この腰部分のポケットに手を入れる人がいますが、もちろん、やめておきましょう。左胸のポケットにも基本的には何も入れず、チーフを使う場合はここに入れます。また、右腰のポケットの上に小さなポケットが付いているタイプのジャケットがありますが、このポケットは「チェンジポケット」といって、もともと小銭を入れるためのポケットです。ただし実際には深くて使いづらいので、ここも使わないほうが無難です。

ジャケットでは内側のポケットを活用しましょう。左右の胸の内側のポケットには、パスケース、名刺入れなどの薄くて軽いモノを入れましょう。よく使うモノを利き腕の逆側に入れると便利です。

左腰の内側のポケットは、スリや盗難防止用に手が入りづらい構造になっています。カード類、また海外ではパスポートなど貴重品を入れる用途としてのポケットになります。

右腰の内側のポケットは多少厚みのあるモノを入れても表にあまり出ない構造です。厚みのある財布やスマートフォン、シガーケースを入れても大丈夫です。ただ、素早く取り出せる位置ではないので、それを踏まえて使いましょう。

伝統のあるスーツは、ポケットのほかにも、それぞれのパーツに使い方や意味が込められています。それらを調べてから使うというのも、ビジネスパーソンとしての勉強になるでしょう。

POINT
クリーニングに出すときはポケットの中に注意

ワイシャツ

実はとても便利なワイシャツの胸ポケット

前項でジャケットのポケットの使い方を紹介しましたが、ジャケットのポケットを使う際には、ある点で注意が必要です。

それはジャケットは脱ぐ機会が多いということです。外出時と社内、荷物を運ぶとき、少し暑いとき、掃除をするとき、季節を問わず、ジャケットを脱ぐ機会は多いと思います。

そのときに、ジャケットの胸ポケットにペンを入れていたりすると、取り出したくても、どこにあるのかわかりません。また、お客様と名刺交換をしようとして名刺入れがどこにあるのかわからず、あたふた……、なんてことにもなりかねません。

その点、**ワイシャツはジャケットと違い、仕事中に脱ぐことはまずありません。これが最大のメリット**です。ワイシャツのポケットに入れたモノは、どんなときでも、胸元に手を伸ばせばサッと取り出すことができます。でも、ここに決まって何かを入れている人は少ないと思います。

ビジネスパーソンにとってワイシャツのポケットはとても便利なのです。名刺入れ、スマートフォン、定期券、ハンカチなどが入ります。**いつでも取り出せる場所のため、頻繁に使うモノを入れておくことでさらに利便性が増します。**

例えば小さなメモ用紙を入れておけば、何かメモが必要なときに、すぐに書き込むことができます。予定表をプリントアウトして入れておけば、いつでも確認できます。

このようにワイシャツの胸ポケットは、小さいながらもとても便利な収納スペースです。ぜひとも有効活用するようにしましょう。

POINT
たくさん入れ過ぎるとだらしない印象に

第 2 章

お買い求めいただいた本のタイトル

■お買い求めいただいた書店名

（　　　　　　　　）市区町村（　　　　　　　　）書店

■この本を最初に何でお知りになりましたか

□ 書店で実物を見て　□ 雑誌で見て（雑誌名　　　　　　　　）
□ 新聞で見て（　　　　　新聞）　□ 家族や友人にすすめられて
総合法令出版の（□ HP、□ Facebook、□ Twitter、□ Instagram）を見て
□ その他（　　　　　　　　）

■お買い求めいただいた動機は何ですか（複数回答も可）

□ この著者の作品が好きだから　□ 興味のあるテーマだったから
□ タイトルに惹かれて　□ 表紙に惹かれて　□ 帯の文章に惹かれて
□ その他（　　　　　　　　）

■この本について感想をお聞かせください

（表紙・本文デザイン、タイトル、価格、内容など）

（掲載される場合のペンネーム：　　　　　　　　）

■最近、お読みになった本で面白かったものは何ですか？

■最近気になっているテーマ・著者、ご意見があればお書きください

ご協力ありがとうございました。いただいたご感想を匿名で広告等に掲載させていただくことがございます。匿名での使用も希望されない場合はチェックをお願いします☑
いただいた情報を、上記の目的以外に使用することはありません。

郵便はがき

料金受取人払郵便

日本橋局
承　認

6827

差出有効期間
2023年8月
15日まで

切手をお貼りになる
必要はございません。

1 0 3-8 7 9 0

953

中央区日本橋小伝馬町15-18
EDGE小伝馬町ビル9階
総合法令出版株式会社 行

本書のご購入、ご愛読ありがとうございました。
今後の出版企画の参考とさせていただきますので、
ぜひご意見をお聞かせください。

フリガナ お名前	性別 男・女	年齢 歳
ご住所　〒 TEL　（　　）		
ご職業　1.学生　2.会社員・公務員　3.会社・団体役員　4.教員　5.自営業　6.主婦　7.無職　8.その他（　　）		

メールアドレスを記載下さった方から、毎月5名様に書籍1冊プレゼント！

新刊やイベントの情報などをお知らせする場合に使用させていただきます。

※書籍プレゼントご希望の方は、下記にメールアドレスと希望ジャンルをご記入ください。書籍へのご応募は1度限り、発送にはお時間をいただく場合がございます。結果は発送をもってかえさせていただきます。

希望ジャンル：☐ 自己啓発　☐ ビジネス　☐ スピリチュアル　☐ 実用

E-MAILアドレス　※携帯電話のメールアドレスには対応しておりません。

「データ」を
効率よく扱う

処理のコツをつかめば
デジタルツールは
片づけの最強アイテムに。

受信メール

「振り分けフォルダ」を使って重要連絡を見逃さない

ビジネスにおける連絡手段の主流はメール（eメール）になりました。メールに関連するスキルを身につけることは、そのままビジネススキルの向上と効率化につながります。

効率的にメールを使う方法として、まず紹介したいのは、ある条件を満たしたメールを自動的に振り分けてくれる、「振り分けフォルダ」という機能です。多くのメールソフトやアプリに備わっています。**送信者、件名ごとにフォルダに振り分けられる**便利な機能で、たくさん送られてくるメールに重要な連絡が埋もれてしまわないようにすることができます。

例えば、送信者を条件に振り分けを設定する場合は、まずクライアント別にフォルダを作成。そして、送信者を条件に振り分け設定をすれば、そのクライアントフォルダに自動で受信したメールが振り分けられます。また、特定の件名を条件に設定すれば、そのタイトルに応じて自動的にフォルダに振り分けられます。

また、**受信トレイにメールが蓄積してメール検索がしづらくなった場合は、保存用のフォルダを作成して、そこへ古いメールを移してしまいましょう。**具体的には、受信から数カ月以上経過していて、かつ、すでに終了した案件のメールは保存用フォルダに（フォルダ名を西暦か月の数字にして）移します。こうしておけば、いざというときに確認できますし、フォルダ内を検索機能で検索すれば探す手間もかかりません。メールはよほど不要なもの以外は、このように移して保存しておきます。

重要なメールの見逃しや返信忘れを防止するのに便利な振り分け機能など、ぜひ試してみてください。

POINT

日報など保管の不要なメールは廃棄しましょう

受信メール

大量のメールは新着順でさばくのが効率的

休み明けに職場のパソコンを立ち上げると大量のメールが届いている、といったことは誰にでも経験があると思います。

そのすべてを確認するだけでも結構な時間がかかってしまいます。そのようなとき、みなさんはどのようにメールを確認しているでしょうか。古いものから順番に開いて読む、タイトルを見て開封するか判断する、送信者で判断するなど、いろいろな方法があると思います。

多くの人は古いものから順番に読むと思いますが、それは非効率です。効率的な方法は、「最新のものから読む」です。

新しいものから読むと、それ以前に届いているメールの内容がわからずに新しいメールの内容が理解できないと考える人もいるでしょう。しかし、最新のメールから読むことで、**それ以前に届いているメールの訂正、差し替え、変更などに、いち早く気付くことができる**というメリットがあります。

また、ビジネスマナーとして、それまでのメールの内容は消すことなく返信することが基本とされています。そのため、訂正や差し替えのメールの下を読めば、古いメールにどのような内容が記載されているかを把握することができます。

わざわざ古いメールを読み返す必要はありません。自分のアドレスがＣＣに入っているときも同じように、最新のメールがある場合はそれを読めば古い内容も把握できるはずです。心配であれば新しい受信順に読んでいきましょう。

基本的には、最新のメールを意識してください。

POINT

メールの返信も新着順で済ませましょう

送信メール

確実に早く返信をもらえる件名の付け方とは

メールを作成する際には、「○○の件」「○○のお願い」「○○依頼」など、表題でその内容がわかるようにするのが一般的です。しかし、それにプラスαを加えるだけで、より明確にこちらの意図が伝わる件名にすることができます。

例えば早く返信がほしいとき。その旨をメールの本文に記載していると思いますが、それでも早く返してくれない場合があるでしょう。相手が忙しい場合など、本文をざっと読んで内容を把握して終わり、ということもあります。そこに「早く返してほしい」と書いてあっても、相手が見落とすこともあります。

では、どのようなメールを送ったら早く返信をしてくれるようになるのでしょうか。

それは**緊急性や重要度を示すワードを「件名に書く」こと**です。

早い返信を求める場合に限らず、確実に相手にこちらの意図を伝えるには、件名の文頭に緊急性や重要度を示すワードを入れましょう。相手にその緊急性をより強く示すことができます。

具体的には、【至急】【訂正】【変更】【再送】などといった文字を目立つように件名の最初に入れていきます。どんなに大量のメールがきていても、これで一目で重要だということがわかります。また件名を見てメールを読む順番を決めている人に送った場合などでも、しっかり示すことができます。

こうしたワードは件名の先頭に書くことがポイントです。末尾に書くとそれだけ目に入るのが遅れるほか、メールソフトやアプリによっては、文字数によって最後まで件名が表示されないことがあります。

POINT **【至急】【重要】などの乱用は逆効果になることも**

送信メール

メールに書くのは「1通1案件」まで

1回のメールでいくつもの案件を伝える方が効率的と考える人がいます。そう考えて、1通の中に、情報を詰め込みすぎてしまう人がいます。

いくつもの案件を書き過ぎると、その一部に対してしか回答が得られない、といったことが起こります。すると、再度メールを送らなければいけませんし、どの案件が解決して、どの案件がまだ進行中なのか、混乱する原因となります。お互いのストレスの原因にもなります。

やり取りする案件が多い相手ほど、「1通1案件」にするのがおすすめです。何通も送る手間はかかりますが、紛らわしくなく、どの案件に返信がないのか、またはどの案件が解決済みなのか、一目で確認することができます。

どうしても1つのメールの中に複数の内容を記載しなければならない場合は、箇条書きで書くとよいでしょう。人間は長い文章を読むよりも、箇条書きのほうが短時間で読めて、容易に内容を理解することができます。

箇条書きをする際は、優先順位によって書く順番を決めましょう。最優先事項を後ろに書いては、見落とされてしまう可能性があるからです。具体的には次のようになります。

・請求書を本日発送いたしました。
お手数をおかけいたしますが、ご入金いただきました際には、ご連絡いただけますようお願い申し上げます。
・○○の件につきましては、11／8（金）中にご連絡させていただきます。
・11／18（月）の打ち合わせは、○○町近辺はいかがでしょうか。

POINT
改行も効果的に使うと見やすくなります

ファイル

1年以上使っていないファイルは廃棄せよ

日々増え続けるパソコンの中のファイルに対して、悩まされている方も多いと思います。定期的に捨てなければパソコンはいくつものファイルでいっぱいになってしまいます。不要なファイルは、必要なファイルを探す際には邪魔になります。

ファイルを捨てる目安としてすすめるのは、1年以上未使用のものや保存期限の過ぎたものから捨てるようにすることです。

そのファイルを捨てるべきか迷った場合には、「保留」フォルダを作ることで、そこに一時保管しておくことができます。「ごみ箱」に保管する人もいますが、再び必要になった際にそのファイルを「ごみ箱」から見つけ出すのは非常に困難で時間がかかってしまいます。

また、パソコンの容量にも上限があるので、ファイルをため込みすぎると動作が遅くなるといった弊害も発生します。これは「ごみ箱」に入れていても同じです。

デスクトップ上に大量のファイルやフォルダが並んでいる人も多いのではないでしょうか。パソコンの起動時にかかる負荷が大きくなり、余計な時間を取られてしまいます。デスクトップに置くファイルやフォルダは最小限にすることをおすすめします。

ファイル整理のコツとしては、**先のスケジュールに「保留」フォルダの中にあるファイルの廃棄予定日を組み込む**ことです。日々どれだけのファイルを作成するかにもよりますが、1カ月または1週間に一度を目安にして、「保留」フォルダ内のファイルを廃棄していくとよいでしょう。

POINT

不要なファイルはその場で廃棄しましょう

ファイル

フォルダの数は最小限に、探し物は検索機能で

細かくフォルダ分けがされ、アイコンが整然と並んだデスクトップは、一見整理されている印象を受けます。ただし、フォルダ分けするには、意外と時間がかかるものです。

実は、パソコンの「検索機能」を使えば、厳密にフォルダ分けをする必要がありません。検索機能をフル活用して、効率性を高めましょう。Windowsの場合なら**フォルダ内で「Ctrl」＋「F」のショートカットを使えば検索ができる**ので、ぜひ使ってみてください。

このように検索を前提とすれば、フォルダ分けはなるべくシンプルにします。現在進行中の案件はすべて「進行中案件」フォルダへ。例えば「山田商事」関

連のファイルを見つけたいときは、フォルダ内を「山田」で検索すれば必要なファイルがすべて出てきます。

終了した案件は「終了案件」フォルダへ入れましょう。どのフォルダに入れるか判断に迷うものはすべて、「その他」のフォルダに入れてしまうことで時間を節約できます。

また、**フォルダ内は「アイコン」ではなく、「一覧」で表示**しましょう。ファイル名や更新日時が一覧でき、必要なファイルも一目で見つけることができます。

ちなみに、メールの検索機能で圧倒的に優れているのは「Gmail」です。会社で使用しているメールソフトから自動転送をする設定にしておけば、過去のメールも簡単に検索できます。

POINT

フォルダ内の並べ替え機能も便利です

ファイル

ファイル名は3つの要素を入れるのが鉄則

パソコンで書類などを作成する際、ファイル名の付け方は人それぞれだと思います。「日付だけ」「ファイルの内容」など、人によってファイル名に入れる項目が異なり、第三者が閲覧したときなど、わかりにくいものとなっていることでしょう。

ほかの人から共有されたファイルも、いつ作成されたものなのか、旧版なのか最新版なのか、タイトルを見ただけでは判断がつきかねることも多いのではないでしょうか。

管理のしやすいファイル名として、**「日付＋案件名＋作成者名」を入れる**ことをおすすめします。例えば、Aさんが B社の契約書を２０１９年11月10日に作成したとします。すると、ファイル名としては、「20191110 B社契約書 A」になります。

このファイル名であれば、**いつ、どのような内容の書類を、誰が作成したものなのかが一目でわかります。**もちろん、作成者本人だけでなく、第三者が見ても、どのような書類なのかファイル名から判断することができるので、他者と共有するときにも便利です。

日付が入っていることが大きなポイントです。そうすることで、フォルダ内で作成日順にファイルが並び、あとでファイルを探しやすくなります。

また、「作成者名」の代わりにファイルの「バージョン名」を入れてもよいでしょう。その場合、最新版が更新されたファイルには「旧版」と追記しておきます。

POINT

ファイル名のルールはなるべく変えない

ファイル

デスクトップは「自動整列」でスッキリした見た目に

忙しい人はとくにパソコンを使っているとファイルやフォルダが増えやすいです。そのままデスクトップに置いてしまうと、画面がファイルやフォルダのアイコンでいっぱいになってしまいます。これでは目的のものが見つけられなくなり非効率です。そこで、すぐにできるデスクトップの整理をお伝えします。

まず、前項でご説明したように、必要のないファイル、フォルダを捨てましょう。

続いて、**デスクトップにあるアイコンを「自動整列」、「アイコンを等間隔に整列」**に設定していくと、画面の左上から順にアイコンがきれいに並べられていきます。これで、基本的な整理は完了です。アイコンが数個程度であればばかなりスッキリした画面になります。

さらに、自分流にデスクトップを整理するなら、「自動整列」を解除して、**関連するアイコン類を自分のアクセスしやすいデスクトップの場所にカテゴライズして並べます。**

例えば左上に企画書系、左下にクライアント関連、右上に自分の作業上必要なファイルやアプリ、また画面下に一列に資料などデータ系のファイルアイコンを並べるといったように配置します。視覚的にどこに目的のアイコンがあるのか、わかりやすくなります。

また、画面全体を見やすくするために、デスクトップの背景をシンプルなものに変えてもよいでしょう。目的のデータ、ファイルにすぐにアクセスできるようにアイコンを配置するのがデスクトップ整理の基本です。

POINT

アイコンはサイズも変えられます

電子書類

書類を電子化することのメリットとデメリット

書類の整理術の項目で、書類の電子化（ペーパーレス化）を紹介しました。しかし、電子文書にはメリットとデメリットがあり、それらに関して正しい知識を持つことが重要です。

そこでこの項では、電子文書のメリットとデメリットを紹介します。ご自身でそれらを考慮した上で、書類を電子化するか否かを判断してみてください。

【メリット】

・ネットワーク上での共有ができる
・保存、保管スペースを必要としない
・複製が可能で、紙のように劣化することがない

・情報発信がしやすい
・並べ替えが容易

【デメリット】

・停電時やバッテリー切れの際に使用できない
・表示するデバイスがないと使えない
・ファイルを開かないと使えない
・拡散すると恒久的に残る
・バージョンによって開けない、使えないことがある

これらは一部のメリット、デメリットにすぎません。**電子文書は一度共有・拡散すると恒久的に残るという危険性もあります。**使用する際は本当に電子化するのがよいのか、問題がないのかを考えた上で、使用しましょう。

POINT
パスワードで電子文書を保護しましょう

電子書類

書類はA4サイズ1枚にまとめる

1つの案件に関する資料を作成する際には、できるだけ1枚の書類にまとめましょう。書類を何枚も作成してしまうと、重要なポイントが一目で把握できなくなり、読み手にこちらの意図が伝わりにくくなってしまいます。

また、書類を1枚にまとめる際は基本的にA4サイズにします。第1章でも説明した通り、ビジネスの現場で最も多く使われている紙資料がA4サイズであり、書類を受け取った側も整理しやすくなります。

1枚にまとめることが苦手な方は、次のことに気をつけて書類を作成してみてください。

①ページ余白調整
②フォント（タイプ、サイズ）変更
③行間のスペース調整
④カタカナ、ローマ字、数字を半角入力
⑤簡潔な文章を心がける

特に①②③は、文章が次ページに少しはみ出してしまったときの微調整に有効な方法です。また、⑤を心がけることは、読み手にとっても重要なポイントがわかりやすくなるなどのメリットがあります。

余白を狭める、行間、フォントを変更するなど、**少しの工夫で書類は1枚にまとめることができます**。そうすることで、**用紙、消費電力の無駄が減り、保存スペースを節約でき、あとから書類を探しやすくなる**など、多くのメリットがあります。

POINT **読み手を意識した書類作成を心がける**

書類作成

印刷は使用方法を想定した余白作りを

パソコンの画面をモノクロで印刷しようとしたのに、出てきたものがカラーだったというミスは意外と多くあるのではないでしょうか。枚数が多ければ多いほど、損失は大きくなり、そうしたミスをしないように注意されている会社も多いと思います。あるいは、紙のサイズを無駄に大きくプリントしていないか、といったことも経費節約の上では大事です。

正しくカラー設定がされているか、2ページを1ページに集約して印刷できないかなど、紙やインクの無駄遣いに気を付けましょう。

印刷をするときには印刷プレビューで確認をするのはもちろんですが、余白の取り方にも気を配ることをおすすめします。

例えば、**リングファイルなどに収納する予定の書類ならば、穴あけパンチのための余白を取る**必要があります。リングファイルは左開きのものが大半なので、文章やデータは右に寄せ、用紙の左側に余白を取るとよいでしょう。

また、**追加事項を書くかもしれない書類には、メモ欄として十分な余白を残しておく**とよいでしょう。その際は、メモを取りやすいように右利きの方は右側に、左利きの方は左側に余白を取るなど工夫してみましょう。

逆に、データを確認するためや資料として配布をするために印刷をする場合には、前項で紹介したように余白を狭めることによって紙の総枚数を減らすことができます。

このように臨機応変に対応することで資源の無駄遣いを防ぎ、周囲にも気を遣った仕事ができるようになります。

POINT
用途に応じた体裁でプリントアウト

ショートカットキー

キー同時押しの便利ワザを覚える

パソコン操作にはいくつもの便利なショートカットキーがあります。これらを覚えてよく使う機能を駆使すれば、作業時間を大幅に短縮できるようになります。

代表的なものでいえば、文字などをコピーをするときは「Ctrl」＋「C」。また貼り付ける場合は「Ctrl」＋「V」です。

ほかにもショートカットキーは数多くあります。**覚えれば覚えるほど、作業スピードは上がっていきます。**自分はどの操作をすることが多いのかを考えて、必要なショートカットキーを覚えるとよいでしょう。

POINT

慣れるまでは意識して使いましょう

ショートカットキー一覧

Ctrl + C	コピー
Ctrl + X	切り取り
Ctrl + V	貼り付け
Ctrl + Y	操作をやり直す
Ctrl + A	すべて選択
Ctrl + Esc	スタートメニューを開く
Ctrl + Z	操作を元に戻す
Ctrl + D	選択した項目をごみ箱に移動
Ctrl + F4	作業中のドキュメントを閉じる
Alt + Esc	開かれた順番に切り替え
Alt + Enter	プロパティを表示
Shift + Del	ごみ箱に移動せずに削除
Windows + D	デスクトップを表示か非表示
Windows + L	PCをロックする
Alt + Tab	ウインドウの切り替え
F2	名前の変更
F5	最新の状態に
F6	画面要素を順番に切り替え
Alt + F4	終了

※上記はWindows10のショートカットキーです。ほかのOS、ソフトウェアでは操作方法が異なる場合があります。

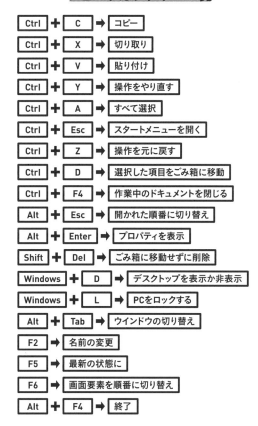

ショートカットアイコン

ダブルクリックで目的ファイルに簡単ジャンプ

特定のフォルダやファイルにアクセスすることが多いときには**ショートカットを作っておくと便利**です。

ここでいうショートカットは前項のショートカットキーではなく、**特定のプログラムやファイルにジャンプできる機能**です。例えばDというファイルを開くために、通常ならばA→B→Cというフォルダを通過しなければならないところを、ショートカットを作っておくことで、いきなりDに飛ぶことができます。作業効率をシンプルに高めることができます。

Windows10の場合でファイルやフォルダのショートカットを作成する一般的な方法は、対象のファイルやフォルダ上で右クリックすると表示されるメニューの中から「ショートカットの作成」を選び、作成されたショートカットをデスクトップなど任意の場所に配置すればOKです。また、Windows10のWindowsアプリ（ソフトなど）のショートカットを作成したいときは、「スタートメニュー」から対象のアプリを探し、そのアプリのアイコンをデスクトップにドラッグ&ドロップするとショートカットを作成できます。

ショートカットを作成したら、名前を変更してみましょう。右クリックで「名前の変更」を選択します。デフォルトでは「○○のショートカット」と表示される場合が多いですが、「ショートカット」の部分を削除するだけでもだいぶ見やすくなります。

ショートカットの目印はアイコンの左下に表示される矢印のマークです。パソコンに慣れている人は使いこなしている機能なので、ぜひ使えるようにしておきましょう。

POINT

ショートカットを削除しても元のプログラムは残ります

ネット検索

効率的に検索できるちょっとしたコツ

調べ物をする際に、インターネットの検索で済ませる人も多くいると思います。検索ワードを入力するだけでときには何千、何万もの関連サイトにアクセスできるインターネット検索ですが、その手軽さ、便利さの反面、気付かないうちに意外と長時間を費やしてしまうこともあります。貴重な時間を無駄に使わないために、ここではちょっとした検索のコツを紹介します。

検索エンジンで2つ以上の文字を組み合わせて検索する際、多くの人は「英語　上達方法」といったように、文字と文字の間をスペースで空けていると思います。これは「ＡＮＤ検索」と呼ばれるもので、２つ以上の検索ワードすべてを含む検索結果を表示します。

それに対し、**2つ以上の文字のいずれか、いずれかを含む検索結果を表示する、「OR検索」**を使っている人はあまりいないのではないでしょうか。検索エンジンの種類によっても異なりますが、「Google検索」では文字と文字の間を**「OR」（半角大文字）でつなぎ、検索ワードのいずれかを含む検索結果と、検索ワードがすべて含まれる検索結果の両方を表示させることができます。**

さらに上級者になると、検索ワードの間を**「 －」（スペース＋マイナス記号）でつなぐ「マイナス検索」**を使っています。例えば「副業　－株式投資 －YouTuber」と検索すると、「副業」が含まれるサイトのうち、「株式投資」と「YouTuber」が含まれないサイトが表示されます。

ほかにも検索テクニックは多数ありますので、検索して探してみてください。その際は、「検索テクニック」と入力して調べましょう。

POINT
よく使う検索エンジンのテクニックを調べておく

ツイッター

ビジネスの情報収集にツイッターを活用する

アカウントは持っていなくても、ツイッターを見たことがないという人は最近あまりいないのではないかと思います。日常の何気ないネタが投稿されるイメージの強いツイッターですが、近年では上場企業の経営者などもこういったSNSを使って積極的に情報発信しており、**ビジネスに役立つ投稿も多く見られる**ようになっています。

すでに**プライベートでアカウントを持っている人は、新たに仕事用のアカウントを作成**してはいかがでしょうか。同一のタイムライン上に、趣味や好きなタレントの情報と、ビジネスに関する情報とが混在してしまうと、プライベートでも気が休まりません。逆に仕事の情報に余計な情報が入ってきてしまうことにもなりかねません。

特定の分野の専門家をフォローするには、「meyou（ミーユー）」[※1]で探すのも方法です。ジャンルごとに、フォロワー数に応じてランキング化されており、いま世間が誰からの発信に注目しているのかもわかります。

また、検索ウインドーからキーワード検索をすることで、調べたい内容に関する最新のつぶやきを見つけるのもおすすめです。

「togetter（トゥギャッター）」[※2]では、あるテーマに関する複数のつぶやきをまとめることができます。投稿や議論が分散しがちなツイッターですが、まとめることで意見の変遷や起きている出来事を一連の流れにして見ることができ、あとで見返す際にも便利です。

※1　https://meyou.jp または @meyou_jp
※2　https://togetter.com または @togetter_jp

POINT
つぶやくことで情報を手繰《たぐ》り寄せるのも手段の一つ

デジタルツール

スケジュール管理はデジタルツールが便利

デジタルツールは日進月歩しています。ビジネスの場面でもこれらを活用しない手はありません。デキるビジネスパーソンは、それらを使いこなしながら仕事の効率化やクオリティアップを図っています。

デジタルツールの利点は「連携性」と「検索性」です。クラウド上で情報を管理することにより、ソフトウェア間での情報の連携もスムーズに行えます。スマートフォン、タブレット、ノートパソコンなど、異なるデバイス間でも同じ情報を共有でき、簡単に閲覧、編集などができます。社内と外出先両方で使うこともでき、とても便利です。

また、必要なデータや書類、スケジュールなどは検索して瞬時に見つけられるので、紙の手帳に比べて効率的に仕事を進められます。

おすすめのツールとして、スケジュール管理は「Google カレンダー」で、タスク管理を「Todoist」で行う方法を紹介しましょう。

「Google カレンダー」では主に長期的な予定を管理します。予定のタイプごとに色分けをして、スケジュールを俯瞰することができます。例えば予定の動かせない会議は「赤」で、資料作成など比較的時間に融通の効く予定は「青」で表示すれば、アポイントメント調整などの際に便利でしょう。

「To Do リスト」はその日1日の予定の管理に使います。「Google カレンダー」と連携できるのが特長です。１つのタスクにかかった時間の計測機能も付いているので、どの仕事にどれだけの時間を割いているかがわかり、効率的なスケジューリングに役立ちます。

POINT
社内で共通のツールを使えばさらに便利

オンラインストレージ

どこからでもデータを取り出せるオンラインストレージ

以前はデータを扱うとき、自身のパソコン内で保存・利用することが一般的でした。しかし、最近ではネットワーク経由でデータをインターネット上の保管用スペースに保存し、外出先や異なるパソコンからでもデータにアクセスできるようになってきています。

専門用語ではこの機能を「オンラインストレージ」と呼びます。インターネット環境さえ整っていれば、どこからでもデータを取り出せることができますし、パスワードを共有などすると、**他人がアクセスすることも可能**です。代表的なオンラインストレージのサービスには「Dropbox」「Google ドライブ」「Evernote」などがあります。それぞれ特長が違うので利用シーンや機能を基準に使うものを選ぶとよいでしょう。

そのように便利なオンラインストレージですが、使用する際にはいくつか注意点があります。

顧客の個人情報が含まれているデータなどをオンラインストレージ上に保存することは、セキュリティの観点からおすすめしません。先述のように第三者がアクセスすることができ、個人情報漏洩《ろうえい》のリスクが高いためです。また、オンラインストレージは容量が大きいからといって、無駄にファイルを増やさないようにしましょう。あとで必要なファイルを探すのに手間がかかります。

テレワークの促進が予想される今後は、オンラインストレージはより一般的になっていくでしょう。そういった意味でも、まだ使ったことがない人は早めに慣れておいたほうが賢明です。

POINT

チームや同僚と情報を共有するのに便利

バックアップ

万が一のためにバックアップは必須

重要な資料やクライアントの連絡先など、パソコンには仕事をする上で欠かせないデータが数多く保存されていることでしょう。しかし、一度ハードディスクが故障してしまうとそれらを取り出せなくなる恐れがあります。データのバックアップは随時行っておくことをおすすめします。

例えば、**ファイルやフォルダのバックアップであれば、ブルーレイディスクなどのメディアに移す**か、またはオンラインストレージ上にアップするのもよいでしょう。ソフトにもよりますが、**メールのバックアップであれば、「ファイルにエクスポート」という項目で実行可能**です。

あまり知られていませんが、ブラウザの「お気に入り」のバックアップをとることもできます。バックアップ方法はブラウザによって異なるので、よく使うブラウザの方法を調べておきましょう。

また、ハードディスクの中身を丸ごとバックアップする方法もあります。最近のパソコンではこのバックアップ機能を備えているものも登場していますし、対応していないOSでもバックアップソフトを使えば可能です。パソコンの機能を丸ごと保存できますので、データだけでなく設定などすべてを保存できるメリットがあります。

OSによっては自動バックアップ機能が搭載されているものもあります。バックアップを行うタイミングなどの設定もできますので、一度試してみてはいかがでしょうか。

POINT

外付けHDやUSBメモリなども有効

メンテナンス

パソコン内を整理して処理速度を維持

パソコンは使っていくうちに動作が「重く」なっていきます。見た目には変化がありませんが、更新情報や履歴の蓄積《ちくせき》、空き容量の減少などが積み重なると、処理速度が遅くなるのです。そのため、**快適な環境を維持するには定期的なメンテナンスが必要です。**

ここでは、Windows10のハードディスクの簡単な空き容量の確認と対策方法を紹介しましょう。まず、スタートメニューの「歯車」アイコンをクリックします。「Windowsの設定」が表示され、その中の「システム」をクリックします。すると左側のメニュー欄に「ストレージ」と出ますので、それをクリックすると、ローカルディスク（ハードディスク）の容量が「使用済み／空き」で表示され、確認することができます。空き容量が全体の30パーセント以下なら「ディスクのクリーンアップ」を行って空き容量を増やしましょう。まず、タスクバーにある「エクスプローラー」アイコンをクリック。エクスプローラーが表示され、「PC」→「ローカルディスク（C:）」の順にクリックします。するとフォルダ表示の左上に「クリーンアップ」アイコンが表示されるので、それをクリック。削除したいファイルをチェックして「OK」をクリックすると、クリーンアップが開始されます。

次にプログラムのチェックです。最初からインストールされていても使わないソフトは案外多いものです。これらを削除するだけでもパソコンへの負担がだいぶ軽くなります。手順は「コントロールパネル」から「プログラムのアンインストール」を選択。使わないソフトウェアを選び削除しましょう。

各プログラムの名称はOSなどによって異なりますので、注意してください。

POINT
メンテナンスもスケジュールに組み込む

第 3 章

「紙」を
スッキリと整理する

増えるいっぽうの紙資料、
書類は「分類」と
「廃棄」で片づける。

書類

進行状況別のボックスを作ってミスを防止

デジタル化の波はビジネスシーンに流れ込んできていますが、いまだに紙の資料、書類はビジネスの現場で多用されています。紙資料が机の上にどっさりということも珍しくないでしょう。片づけが苦手な人はそんな書類を片づけようと思っても、どう整理してよいのかわからないもの。そんな人のための基本的な書類分類法を紹介します。次の手順は、仕事の進捗状況別の分類です。

①未処理の書類
②処理中の書類
③作成途中の書類
④処理済みの書類

⑤共有ファイリング書類

まず、すぐに対応する必要のない書類は、①の分類を作って、置いておきます。書類を確認しないで置いておくと、対応漏《も》れの不安を感じるかもしれませんが、「とりあえずここに未確認の書類を置く」場所を作ることで、**「ここを見れば確認漏れはなくなる」という安心感**を持つことができます。ここに分類される書類は、時間があるときにまとめて確認します。

何かの処理を進めている書類は②に分類します。作成途中の書類は③、いったん処理は済んだものの、問い合わせなどの可能性があり、手元に残しておかなければいけないものは④、処理後何も問題がなく日数が経っているものや、社内で共有する必要があるものは⑤に分類します。**⑤は定期的にまとめて共有の書庫などに移動します。**

POINT 分類が細かくなり過ぎないように注意

書類

Ａ４クリアファイルの活用が書類整理の要《かなめ》

ビジネスで使われる書類のほとんどが、Ａ４サイズです。そこで書類整理に欠かせないツールがＡ４サイズのクリアファイルです。

定番のモノですので、すでに活用している人も多いことでしょう。透明なクリアファイルは中の書類も見えて使い勝手がよく、挟みこんだまま整理できます。書類が折れたり汚れたりすることもありません。たくさん使ってもコストパフォーマンスがよく、利点を挙げればキリがありません。

基本的に書類をまとめる方法には「閉じる」「閉じない」の２パターンがあります。

ある程度仕事が進んできて、書類などの情報量が多くなってきたら、バインダーに閉じたり、ステープラーで留めたりしたほうが扱いやすくなります。ただ、情報が雑多になっている仕事の初期段階では、閉じるのは効率的ではありません。かといってバラバラにしていては探す手間などが発生します。その問題を解決するのがクリアファイルです。**複数の書類を挟み込むのも、そこから必要なモノだけ取り出すのも簡単**です。

書類を分類したクリアファイルがいくつかできたら、大きなファイルボックスに入れ、パソコンのフォルダのように整理することもできます。

同じ分類の書類が1枚しかない場合も、必ずクリアファイルに入れるようにしましょう。ほかの書類がそれぞれクリアファイルに挟まれている中、1枚だけ何も入っていない書類があれば、ほかのクリアファイルからはみ出してしまったものなのか、不必要な書類が紛れ込んでしまったのかもわかりません。もったいないようですが、無駄な労力を避けることにつながります。

POINT
書類整理の基本はクリアファイルでまとめること

書類

A4サイズ以外の書類は冊子にする整理法も

仕事で使う書類はＡ４サイズが多いため、市販されているクリアファイルも同サイズのモノが大半を占めます。

しかし、ビジネスの現場ではＡ３やＢ４サイズの資料も使われることがあります。これらのサイズの書類をＡ４のクリアファイルに収納しようとすると、折らなくてはなりません。結果としてかさばったり、資料を探し出す際に見つけにくくなったりするデメリットが発生します。

このような場合におすすめなのが、冊子として保管することです。

例えばＡ３サイズの書類を、印刷面が内側になるように縦に２つ折りします。次に**裏の片面に糊《のり》付けし、次ページの書類の裏に貼り付けます。**こうして書類同士を貼り合わせていき、1つの冊子を作ります。

この方法なら、**書類の枚数が増えてもどんどん貼り付けていけばよい**だけなので簡単です。何よりもかさばりません。また、糊付けを薄めにしておくと、そのページが不要になったときに剥がすのも簡単です。

面倒なようですが、保存期間が長いことが予想される資料なら、冊子を作る手間も決して無駄ではありません。

POINT
白紙を貼り付けて表紙を作るとわかりやすい

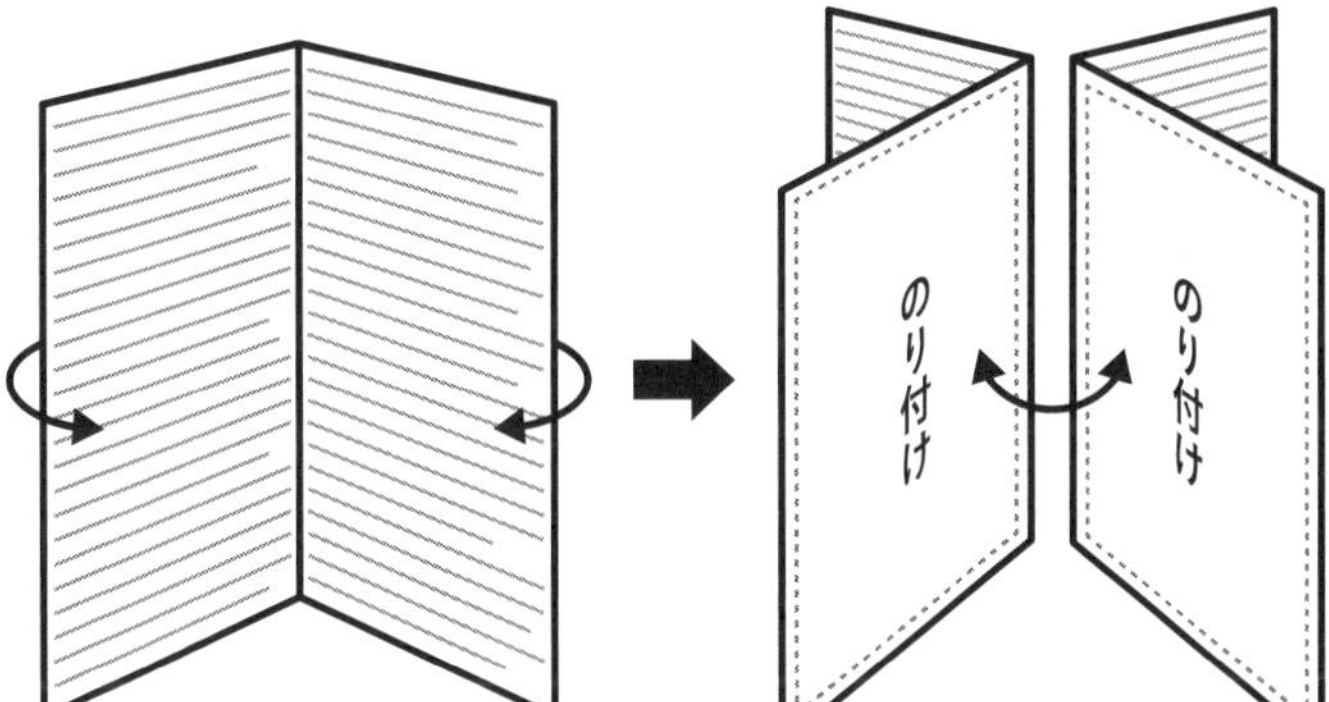

書類

見出しラベルを貼って検索力アップ

クリアファイルの数が増えてくると、どのファイルに何の書類が入っているのかわからなくなってきます。そんなときはインデックス（見出し）を活用しましょう。

貼り付けるタイプの見出しラベルを用意し、クリアファイルにはみ出すように貼ります。ただしクリアファイルを平積みにしてしまうと、貼ったラベルが見えづらくなってしまうので、クリアファイルは必ず立てて管理しましょう。常にクリアファイルからラベルがはみ出すようになり、**ファイルを取り出すことなく中に何の書類が入っているかを把握できます。**

クリアファイルの右上にラベルを貼ると、縦に収納しても横に収納しても、見やすい位置にインデックスを揃えることができます。

ラベルのタイトルはテーマ別に分けます。取引先名を記入したり、プロジェクトごとに分けたりするのもよいでしょう。その際には、具体的な名称で記入をするのがコツになります。

インデックスは書類そのものに書き込むのも有効です。書類を入手したら、すぐに書類の内容を書き込みます。といってもそれに時間がかかってしまっては意味がないので、①日付、②要約、③メモ程度で十分です。一目で概要がわかるように意識しましょう。契約書などの重要書類や先方から預かった書類など、直接書き込むことができない書類には付箋を貼って、そこに書き込むようにします。

こうしてメモをした書類がクリアファイルの中の一番上にくるように入れると、さらに視認性と検索性が高まります。

POINT

インデックスは簡潔に内容を書き込みましょう

書類

ファイルの色分けで書類内容がわかるように

前項でクリアファイルにラベルを貼る方法を紹介しましたが、市販されている多くのラベルは色分けされています。また、ファイル自体が色分けされているものもあります。色を分けると一目で書類の分類がわかり便利です。

読者のみなさんは、分類した書類にどの色を使っているでしょうか。色を見分けることができても、その色と中身が直感的に結びつかなければ、色分けファイリングも効果が半減します。「青」とわかっても青に何が入っているかをすぐにわからなければ意味がありません。

色を決める上でポイントとなるのは、**色の印象と内容をリンクさせること**です。例えば赤色には「緊急」「危険」といったイメージがあります。重要な書類や優先度の高い書類を赤でファイリングすることで、色から受ける印象と内容がリンクして、直感的に内容を把握できます。

黄色も赤色同様のイメージがありますが、赤色に比べると印象は弱いように感じます。そこで2番目に重要な分類に黄色を使用するとわかりやすいでしょう。

ただし、色から受ける印象には個人差があります。ファイルの色を見るのも自分なら、処理をするのも自分です。自分がわかりやすい色分けにするようにしましょう。

また、**色分けは3色ぐらいに収める**ようにしましょう。あまり多くなりすぎると、一瞬考えなければ色と分類がリンクしません。まずは大まかに3色で分類しておき、その中で、前項で紹介したインデックスの分類をするという方法が有効です。

POINT
社内で色分けのルールを決めるのも有効です

書類

クリアファイルの中にクリアファイルを挿し込む

クリアファイルの数が多くなってきたとき、インデックスなどを必要とせず、クリアファイルだけでできる整理方法があります。すぐに実践できます。

それは、書類が分類された複数のクリアファイルをまとめて別のクリアファイルに入れて整理するという方法です。つまり、**すでに分類分けしている書類を、もう一つ大きな枠のクリアファイルでまとめる**のです。

クリアファイルの中にクリアファイルを入れるというと、かなりかさばりそうで抵抗があるかもしれませんが、実際にやってみるととても便利ですし、まとめるだけなので、その分かさばるだけになります。

例えば、「業界ごとのニュースリリース」の書類を集めていたとします。「アパレル系」「家電系」「IT系」のぞれぞれのニュースリリースを集めた分類、つまりそれぞれのクリアファイルが必要になります。それらの分類されたクリアファイルをまとめて「業界ごとのニュースリリース」というクリアファイルに入れるのです。これで、「業界ごとのニュースリリース」のファイルには、業界ごとに分類された資料がまとまってファイリングされるわけです。

大枠のクリアファイルごと持ち運びもでき、その中で分類されているので、わかりやすく整理されて便利でもあるのです。

この方法は、**パソコンのフォルダを想像するとわかりやすい**と思います。

1つのフォルダの中に複数のフォルダがあり、その中の1つを開くとまた別のフォルダがある。さらにそれを開くと……というように、たくさんのファイルをわかりやすく分類し、まとめていく方法は、多くの人が実践しているのではないでしょうか。

POINT

大枠のクリアファイルは色を変えるとわかりやすい

書類

最新の書類を手前にセットすると仕事の効率がアップ

第1章でボックスファイルにＡ４ファイルを入れる方法を紹介しました。これはクリアファイルを用いた方法でも使えます。このとき、やみくもに入れるのではなく、１つのルールを加えると格段に便利になります。それは書類の入ったクリアファイルを、「最新のものから手前に配置していく」とするのです。この整理法のメリットは大きく次の２点が挙げられます。

①手前から取れば、必ず現在進行形の書類
②古いものが奥になるため、奥から捨てていくことができる

現在進行形の書類は、いついかなる時に必要となるのかわかりません。だからこそ、すぐ見える形にすれば探す手間を省くことができます。また古いものが自ずと奥に行くため、**ファイルの数が増えてきて廃棄するときは、奥から検討していけば、スムーズに捨てることができます。**

ボックスファイルを大枠にして、その中で頻度の高い順番にクリアファイルを並べる。さらにそのクリアファイルの中の書類も、頻度の高い順番に並べていく。こうして**複層的に整理していけば、とても使いやすくなります。**複雑なようですが、ルールは「新しいものを手前にする」だけなので、やってみると簡単です。

ただし、ここで注意点があります。それは、いま使っていないけれど、いつか使うかもしれない、何かあったときのために取っておきたい書類です。ほかの項で紹介しますが、こうした書類は、必ず社内の共有ファイルに移すか、スキャンなどでデータ化するようにしましょう。

POINT

進行状況に応じた配置を心がけましょう

書類

押し出しファイリング式で手間をかけずに整理

前項では、優先順位の高い書類がすぐにわかるファイリング方法を紹介しました。簡単な方法を紹介したつもりですが、それでも面倒だという人には、さらに手軽な方法があります。

『「超」整理法―情報検索と発想の新システム』（中公新書）で提唱された野口悠紀雄さんが考案した整理法です。25年以上前に発売された書籍ですが、現在でも多くのビジネスパーソンが活用しています。

その方法は実にシンプルです。

①あらゆる書類を角型封筒に入れて、立てて並べる
②封筒表面の右上にファイル名を書き、左端から順番に並べる

③**書類を探すときは左側から探す**
④**使った書類は一番左端に戻す**

こうすることで、**左側には常に進行中の書類があることになります。**使用頻度の低い書類は右側に押し出されるので、不要な書類を捨てたり、しまったりしやすくなります。

時間の経過とともに自動的に場所が決まるので、**いちいち考えることなく、簡単に書類を整理できます。**

POINT **封筒の替わりにクリアファイルでも応用できます**

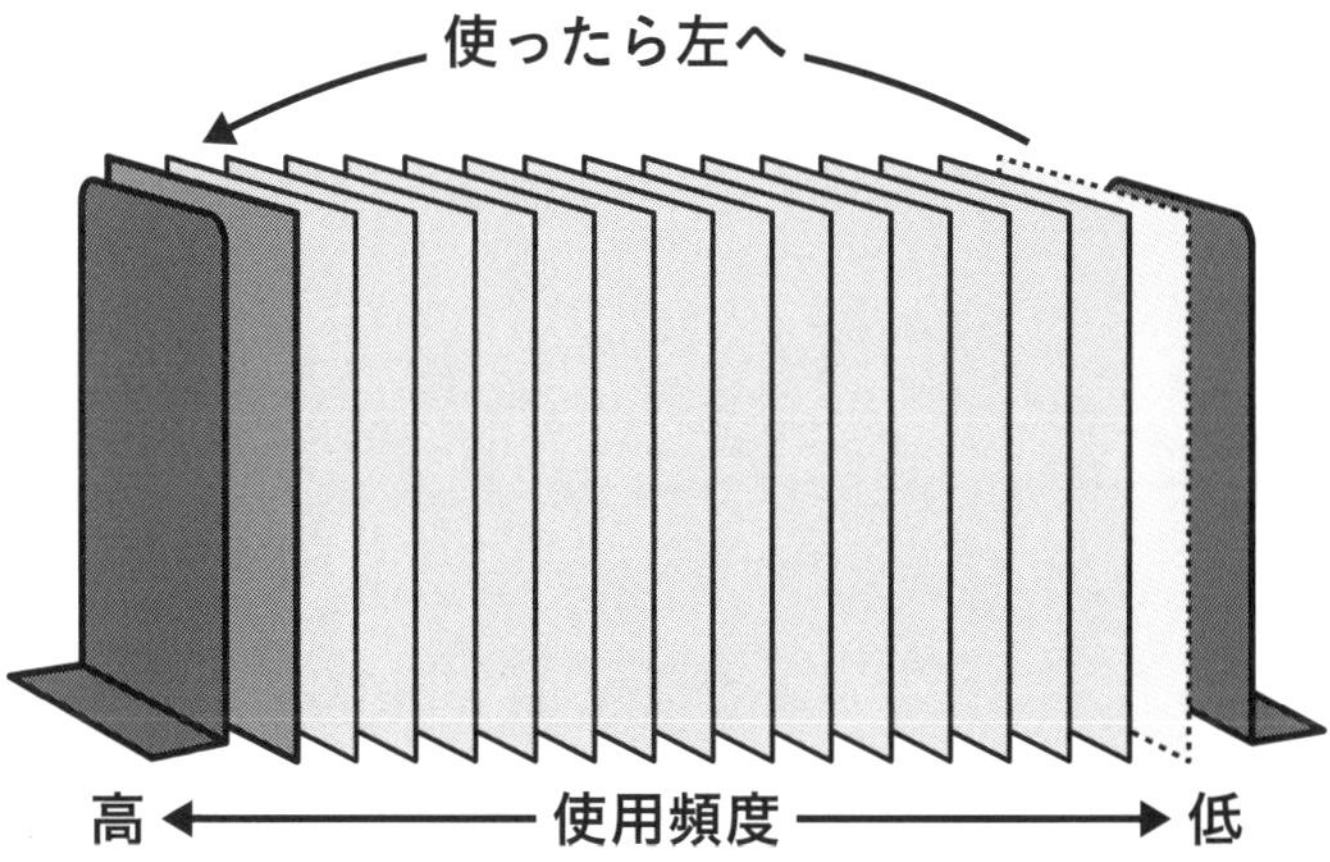

書類

仕切りを使った超簡単な書類整理

これまで基本的にクリアファイルは立てて保管しましょうと伝えてきましたが、わかっていてもついつい横に積んでしまうという人もいるでしょう。あるいは広告会社や出版社などでは扱う紙の量が多く、立てて整理できないという場合もあると思います。

そんなときに暫定的ではあるものの、簡単に書類を整理できる方法があります。それは重ねた書類の中に仕切りを入れることです。厚紙でもよいですし、色が付いたクリアファイルでもよいでしょう。

このときの注意点は、その仕切りの意味を自分が瞬時にわかるようにすることです。例えばたくさんの書類を「チェックしたか」「していないか」で分けるとします。厚紙に「チェック済」とだけ書いて挟んでも、その厚紙より上下のどちらがチェック済みなのかわかりません。仕切りを入れているときはどう分けたか覚えているつもりでも、しばらく経つとこうしたルールは忘れてしまいがちです。そうしてまたすべての書類をチェックしなくてはいけなくなってしまいます。

「チェック済」と書くのも「上はチェック済」と書くのも、かかる時間は数秒も変わりません。そうした**小さな手間が、結果的に忙しいときの自分を助けてくれます。**

なかなか書類を整理する気になれない人にもおすすめの方法です。このやり方を繰り返すことで、整理に対する意識を持てるようになるでしょう。整理に慣れてきたら、ここまでに紹介したような方法で、細かく整理できるようにしていきましょう。

POINT
積み過ぎは「なだれ」を起こすので注意

書類

2つ穴＆2つ折りファイルを使いこなす

ここまでＡ４クリアファイルのファイリングを紹介してきましたが、そのほかにもたくさんのファイルが市販されています。整理する用途によって、適切なファイリングツールがあります。

例えば、議事録や見積書、報告書など**保存性の高いものは2つ穴ファイルがおすすめ**です。古いものから順番にファイルに綴《と》じていき、一番上に新しいものをセットします。直近のものから時系列順に見ることができ、きれいな状態を維持できるという特徴もあります。

書類の入れ替えが激しい場合や一時保管タイプの書類などは、2つ折りファイルに整理するとよいでしょう。書類を挟むだけで簡単にまとまります。ファイルが大きいので書類が探しやすいのがポイントです。それに、そのままファイルボックスに立てて収納することもできます。

この２つ折りファイルは、クリアファイルと同じように使うこともできます。前項で紹介したクリアファイルの大枠フォルダとして使用したり、クリアボックスに大量のクリアファイルを収納する場合の仕切りとして使ったりすることもできます。

POINT

より便利なファイルがないか探してみましょう

２つ折りファイル

２つ穴ファイル

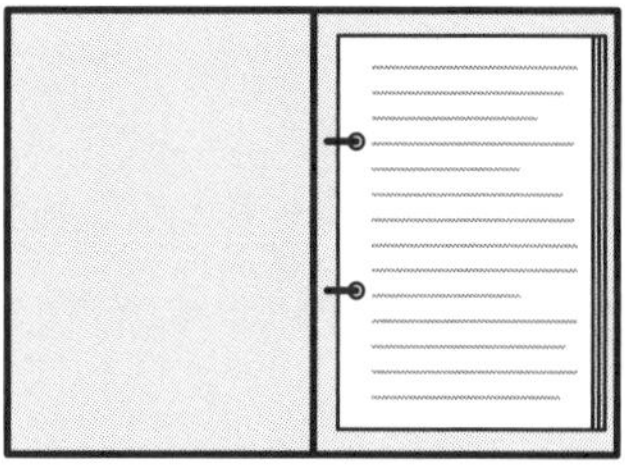

書類

期日と量を設定したマイルールを作って廃棄

書類を整理する上で大前提として、その書類を残しておかなければいけないかどうかを考えましょう。いらないものは捨てる。単純なようですが、書類の束がデスクの半分を占めているような人は、この判断ができないことが多いのです。

これは意外と根の深い問題で、世の中には瞬時にその書類がこれから先に必要かどうかを判断できる人もいますが、そうでない人もいます。いつか必要になるかもしれないから捨てられない。そうしてどんどんたまっていって、どこに何の書類があるのかわからない。本書を読んでくださっている方も、このケースが多いのではないでしょうか。

まずはマイルールを作ってみましょう。定期的に書類を処分できればどんなルールでもよいのですが、一例を紹介します。

①捨てる書類の種類を決める
②一定期間、使わなかった書類は捨てる
③書類を保管するスペースを決める

①の具体的なルールは職業によっても異なりますが、**「これは絶対に捨てる」という書類を決めます。**例えば取引先から送られてくる請求書の頭紙。こうしたものも一緒に保管してしまう人は多いと思います。②は**期日を設けることで意識的に書類を捨てることができます。**１カ月、３カ月、半年と仕事のサイクルに合わせて決めましょう。③は例えば**ファイルボックス1つ以上はためない**と決めます。入りきらなくなったら強制的に捨てることができます。

POINT

捨てるときは躊躇《ちゅうちょ》せずに思い切って

書類

ペーパーレス化で物理的な書類を削減

最近はペーパーレス化を推奨して、実践している会社が多いようです。保存スペースを取りませんし、経費削減、資源節約にもつながることが、普及している要因でしょう。昔は絶対に原本が必要とされていた見積書や請求書なども、PDFファイルのやり取りで済ませる会社が多くなっています。

外出の多い人には特にペーパーレス化の恩恵は大きいでしょう。データであれば持ち歩かなくても済みますし、オンラインストレージ（124ページ参照）などで社内と簡単に共有できます。

ペーパーレス化のコツは、**紙の書類はすべて捨てるというくらいに徹底する**

ことです。

まず、資料はできるだけデータでもらうようにしましょう。**どうしても紙で配布されるものは、すぐにスキャンしてＰＤＦ化**します。あとで閲覧が必要な場合でも、ファイリングしたところから書類を取り出すより、パソコンの中のファイルを開くほうが早く確認できる場合もあります。

外出先では、スマートフォンのカメラやデジタルカメラで書類をどんどん撮影して、データ化しましょう。

なお、データ化の際にはフォルダやファイルに適当な名前を付けないように気を付けましょう。忙しいとついつい簡易な名前を付けてしまいがちですが、あとから何の資料かわからず、一つ一つファイルを開いて探すといったことになりかねません。日付の数字を必ず入れて、内容や担当者などを簡潔にファイル名にすることをおすすめします。

POINT

紙である必要があるかどうかを考えましょう

書類

ファイリングはダイエット化するとかさばらない

書類の数が多くなると、しっかりとファイリングしていてもかさばってきます。これまで紹介したファイリングや整理法をしても保管スペースが足りないという場合もあると思います。狭いスペースに無理やり詰め込んで、結局取り出すのに時間がかかるのでは、整理した意味がありません。

書類のファイリングに慣れてきたら、書類のダイエット化を考えましょう。ここでは単純に紙の大きさや量を減らすことを考えます。方法は大きく分けて次の3つです。

①不要な書類はファイリングせず、すぐ捨てる

②書類を印刷するときは縮小や両面を活用する
③ステープラーの針やクリップ、ダブルクリップは重ならないように留める

①は**そもそもファイリングすべきかどうかの選別**です。すべての書類をファイリングしてしまうと、ファイルがいくつあっても足りません。必要な書類だけをファイリングしましょう。

②は**B４やA３の書類は縮小しても問題がなければ、A４にします。**これでファイリングもしやすくなります。両面印刷すれば大幅に書類の枚数を減らすことができます。

③は、例えばどの書類も左上で留めた場合、重ねると左上の部分が厚くなってかさばり、収納もしづらくなります。留める位置を統一しなくてもよい書類の場合は、**意識的に留める位置をずらしてみましょう。**小さなことですが、想像以上に効果的です。

POINT
針のいらないステープラーなども有効です

書類

デキる人は紙の廃棄方法もスマート

職場で書類を捨てる際、いきなりゴミ箱に捨てるのはNGです。まず、**各職場や自治体での紙ゴミの捨て方を確認**しておきましょう。コピー用紙などを大量に捨てる場合、職場によっては廃棄場所が設置されている場合があります。オフィスビルの場合など、そのビルでの廃棄場所、廃棄日時が決まっていることもあります。また、束になった書類はゴミ袋に入れてはいけないというルールがある会社もあるそうです。

紙の種類によっては分別が必要な場合もあります。特にポスターやパンフレットなど、加工された紙を捨てる場合には、注意が必要です。

より取扱いに気を付けなければいけないのが、社外秘などの機密情報、あるいは個人情報が記載された書類です。それらは必ずシュレッダーにかけるようにしましょう。何が記載されていたのかわからないようにするのです。

シュレッダーにかけるとき、注意すべきはステープラーの針やクリップなどの金属類を外すことです。ただし、最近のシュレッダーはステープラーの針対応のものもあるので、その場合は針は付いたままでも問題ありません。機械を確認しておきましょう。

ちなみに、シュレッダーのない職場や家庭で右のような書類を廃棄する場合は、できるだけ細かく紙を切り、記載内容がわからないような状態にして捨てるようにします。

また、住所や名前の部分に黒インクで見えないようにするスタンプが文具店で売られているので、それを使用してもよいでしょう。

POINT
紙は限りある資源。大切にしましょう

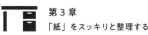

領収書

あとで清算する領収書はクリアファイルで保管

外回りの営業をしている人など、意外と整理が面倒なのが領収証です。備品の購入、駐車場代、お客様との会食など、1カ月のトータルで考えると、かなりの枚数になる人もいるのではないでしょうか。

これをしっかり整理せずにいると、月末の経費精算で損をしてしまうことにもなりかねません。どこで何の領収書をもらったかをいちいちメモするのも面倒です。領収書がなくなってしまえば、自分が立て替えたこと自体を忘れてしまうこともあるでしょう。あるいは領収書はあっても何に使ったものかわからないなど、領収書の保管や処理に関する悩みは意外に多いものです。

領収書はほかの書類に比べて小さいため、放置するとほかの書類に紛れてどこかへいってしまうこともあります。また、自分の財布の中で保管すると、レシート類と一緒に捨ててしまう危険性もあります。

領収書は必ずその日のうちに財布から取り出すようにしましょう。あとでわからなくならないように、但し書きも詳しく書いてもらうようにすると、なおよいでしょう。

領収書の整理は、クリアファイルを使用しましょう。基本的な方法ですが、これが一番おすすめです。**日付順に並べて、バラバラにならないようにクリップで留め、クリアファイルに入れます。**ファイルには付箋などを使って、案件などを書いて貼っておくと一目瞭然になります。

あとで清算できなかった場合、泣きをみるのはあなた自身です。細かな経費の清算も積み重なると大きな金額になります。しっかり領収書は保管しておきましょう。

POINT
領収書の出ない電車賃などはその場でメモを

名刺

ファイルは時系列で保管する

ビジネスで扱うモノの中で、整理が面倒なモノといえば名刺です。知り合った相手に連絡しようと名刺を探してみると、ほかの大量の名刺に埋もれてしまい見つけるのに一苦労……というのは多くのビジネスパーソンが経験していることでしょう。名刺ホルダーに入れていればまだいいのですが、まとめて大きなダブルクリップで挟み、必要なときに一枚一枚探していく、といった人もいます。急いでいるときなど探す時間が本当に無駄になります。

簡単な名刺の保管方法は、時系列の収納です。**いつ出会った人の名刺かわからないままため込んでいくより、はるかに管理しやすくなります。**

この方法のメリットは次の通りです。

①取り出しても元に戻しやすい
②頭を使わずにどんどんファイリングできる
③会社ごとや五十音順のように、新しくもらう名刺のスペースを考慮しなくてよく、名刺ホルダーの無駄なスペースがいらない

とても簡単な方法ですが、**いただいた名刺に日付を書くことがポイントです。**これを絶対に忘れてはいけません。日付があれば、名刺の相手がどんな人だったかすぐに思い出せなくても、日付から過去のスケジュールと照らし合わせて、その日にどんなことがあったのか、ある程度思い出せるものです。すると、どんな人に名刺をいただいたかも思い出しやすくなるでしょう。

POINT
差し込むだけの名刺ボックスも活用しよう

名刺

連絡頻度別に名刺ファイルは2つに分ける

名刺を整理するとなると、相手の職業別や五十音順でと考える人もいますが、そこまでする必要はありません。名刺を時系列にファイリングできるようになったら、次の段階としてファイルを2つに分けてみましょう。

1つを高い頻度で連絡をする人物に分類します。例えば得意先や協力会社、よく使う施設の担当者などです。

もう1つはたまに連絡する人物です。一度利用した飲食店の店員さん、過去に一緒に仕事をした人などです。

2つに分けるだけで大丈夫なのかと思われるかもしれませんが、まとめて保管する方法に比べて、かかる時間が半分になります。実際に分類してみると、かなりの時間短縮を実感できるはずです。

名刺を細かく分類しないと、どこで会った人なのかわからなくなってしまう、名刺と実際の人物がリンクしないという心配もあるでしょう。これを防ぐためには、いただいた名刺の裏側に、日付だけではなくその人の特徴などを書き込んでおくのです。

絵を描くことが得意な人は、簡単な似顔絵を描くのもよいでしょう。あとから見返したときに、誰がどの名刺の人かがリンクするようになるはずです。1日に何人もの人と名刺を交換する場合にも有効な方法です。

こうしたことが面倒な人は、スマートフォンでインストールできるアプリを使うのも一つの方法です。名刺をもらったその場でメモをしづらくても、カメラ撮影で簡単に保存できます。

POINT

身なりの特徴なども書くとさらにわかりやすくなります

名刺

廃棄ルールを明確にして名刺を整理する

名刺を捨てることに対して抵抗がある人は多いのではないでしょうか。昔お世話になったけれどいまは疎遠になっている人などの名刺は、なかなか容易に捨てられるものではありません。

しかし、名刺も捨てていかないとたまる一方です。一度思い切って整理をしてみてはいかがでしょうか。名刺の量が最適化され、管理がしやすくなると、必要な名刺がすぐに見つかります。ビジネスと割り切って捨ててみましょう。

名刺を捨てるには、明確な判断基準を持つことが重要です。

まず、名刺の整理を行うタイミングです。大抵の人は**1年に1度整理すれば十分**です。普段お付き合いがない相手でも、1年以内に連絡を取っている人の名刺は念のためにとっておきます。

問題は1年以上連絡を取っていない人です。**その人の顔が思い出せなければ思い切って捨ててしまいます。**いつかお付き合いがあるかもしれないと思っていても、1年間やり取りがないのであれば、そのあとに取引が発生する可能性は低いでしょう。

もし、また連絡を取る必要が出てきても、いまの時代、インターネットやSNSなどで、相手の連絡先は簡単にわかります。名刺でしか連絡先がわからないという場合のほうが少ないでしょう。

それでも判断に迷うようであれば、A4サイズに並べてまとめてコピーして、収納スペースを節約します。もちろん、スキャンしてデータで保管するのもよいでしょう。

POINT

名刺を捨てる際は必ずシュレッダーに

第4章

「書く」で
仕事がうまく回る

得た情報やアイデアはメモ、
ノート、手帳に「書く」。
それがあなたの財産になる。

メモ

周りと差をつけるメモの極意

何か疑問に思ったことがあったとき、読者のみなさんは何か書き留めたりするでしょうか。あとで調べようと思ったまま忘れてしまってはいないでしょうか。こうした調べ忘れを防ぐためには、メモをすることが大事です。単純ですが記録を残してあとで調べることで知識を蓄《たくわ》えることができます。

ビジネスパーソンなら誰もが日常的に行っているメモ。社会人として最も基本的なスキルの1つです。ミーティングや打ち合わせなどはもちろん、上司から仕事の説明を受けたときなど、あらゆるシーンでしていることだと思いますが、実はこのメモを上手く使いこなせているかどうかでライバルと大きな差がつきます。

日ごろから気になったニュースや思いついたことなども記録する癖をつけましょう。そこから発想が広がり、新しいアイデアが生まれます。クリエイティブな人や物知りな人は上手にメモを活用しているものです。

これらのメモが派生して会話のネタにつながることもあります。日付と情報源を一緒に書いておくことで、自分だけのネタ帳になります。これを常に持ち歩いていれば、初対面の相手でもビジネス上での雑談には困らないでしょう。

メモを取る上での**ポイントはポジティブな言葉を選ぶこと。**仕事の失敗や上司からの注意など反省点を残すときは、ついネガティブな書き方になりがちです。しかし、それではメモを取るモチベーションを保てません。あとで見返したときにやる気が出るよう、「次からはこうする」といった前向きな書き方をすると、仕事の姿勢もアクティブになっていきます。

POINT
何気ないこともメモをすることであとにつながる

メモ

Ａ４用紙１枚にメモをまとめる

１日のメモは１枚のＡ４用紙にまとめることをおすすめします。手帳や付箋を使うことに慣れた人には少し抵抗があるかもしれませんが、試してみると思いのほか便利なことを実感できると思います。

必要なものは、もちろんＡ４用紙１枚だけ。再利用の裏紙でも構いません。これに電話で聞いた内容やアイデアなど、いろいろなことを１日分のメモとしてまとめます。

メモ用紙を何枚も使うとゴミが増えますし、どこに何を書いたか忘れてしまう可能性もあります。１枚にまとめることで、そういった危険性が排除できるのが最大のメリットです。さらに持ち運びにも便利で、手帳に挟んだり、シャツやジャケットのポケットに入れたりすることもできます。

伝言や資料作成など、メモした内容への対応が済んだら、斜線を引いたりチェックマークを付けたりして、**対応済みであることがきちんとわかるようにします。**先の事柄に関するメモ、例えばアポイントの予定をメモしている場合は、手帳やパソコンに書き写します。こうすることでやり残したことがないか一目瞭然となります。

そして**1日の最後にこの1枚をスキャンしてデータ化する**ことを忘れないようにしましょう。もしもあとで見返すことが必要になった場合のための保険となりますし、物理的なスペースも取りません。

そして**データ化したら必ず廃棄します。**そうした流れを習慣づけることで片づけることやモノを減らすことにもつながるでしょう。

POINT
社外秘のメモは必ずシュレッダーにかけましょう

メモ

「書かない」メモを上手に活用しよう

メモというと紙に書き込むイメージがありますが、そうとは限りません。ちょっとしたアイデアや工夫次第で簡単に記録を残すことができます。

例えば、打ち合わせに使えそうなお店の名刺や、話のネタになりそうな新聞、雑誌の切り抜きなど、すでに形になっている**紙の情報は、そのままメモ帳に貼ってしまいましょう。**サイズが大きい場合は縮小コピーをし、2つ折りにすればきれいに貼り付けることができます。

最近では、スマートフォンもメモを取る際に活躍します。**会議で使用したホワイトボードや社外での視察時の様子などは、そのまま写真にパシャッと。**言葉では伝えにくい商品の形状や現場の状況を記録できますし、書き留める作業と比較して撮影するのはほんの一瞬で、時間短縮に大きな効果を発揮します。

いまの大学生は、講義の板書なども写真に撮って記録することも多いようです。早く正確に記録する手段として有効です。

会議などの発言を記録するときにおすすめなのは、ICレコーダーです。言葉を正確に記録できるため、あとで聞き返すこともできますし、なによりも相手の話にしっかりと耳を傾けられます。

暗い場所にいるときや自分の両手がふさがっているときにも、自分の声でメモできるので便利です。ICレコーダーを持っていなくても、最近のスマートフォンには録音機能が付いているので（アプリも多数）、そちらで代用できます。

手書きだと転記ミスが起こる可能性もあるメモ。できるだけ正確に記録するためにも、状況に応じて取り方を使い分けるようにしましょう。

POINT

ビジネスでもスマートフォンでメモを取ることが普通に

メモ

メールの下書き機能は簡単メモとして便利

紙に書かないメモとして、あまりその利便性が知られていないのが、ウェブメールの下書き機能です。ほとんどのウェブメールソフトには下書き機能があり、スマートフォンなら片手で操作することができます。

スマートフォンを使うならメールの下書きでなくても、メモ帳機能でよいのではないかと思った方もいるかもしれません。確かに単純にメモを取るならそれでいいのですが、**下書き機能のメリットは端末を気にせずアクセスできること**です。

最近はスマートフォンとパソコン、両方ウェブでメールを管理する人がほとんどだと思います。メールの下書きにメモしておけば、オフィスでも家でも場所に関係なく、スマートフォンからでもパソコンからでも確認できます。また、下書きなので**その情報が必要な人がいたら、そのままメールで送ることができる**のも大きなポイントです。

ちなみにここで最もおすすめしたいメールソフトは、やはり「Gmail」です。誰でも無料で登録できる上、容量も大きいです。使い勝手もよいので、まだ利用していない人は、ぜひ登録しておくと便利だと思います。

メールは数あるデジタルツールの中でも、使用頻度の高いものです。メールチェックのついでにメモを取るといったこともでき、メモツールとして手軽に使えるでしょう。「メモをするのが面倒」という気持ちに邪魔をされることも少なくなるはずです。

POINT

家やオフィスなど場所を問わずにアクセスが可能

メモ

メモは保管、整理して見返す習慣を

メモや付箋を残したことに満足して、そのまま放っておいたりしていませんか？　メモする目的はあとで見返すためです。それなのに書いて終わりでは意味がありません。有効に活用するためには、定期的に見返す習慣をつけるようにしましょう。

そのために大事なのは、メモを保管、整理することです。

まず保管としては、そのメモが、**「一時的なもの」**か**「とっておくもの」**かを**判断**しましょう。前者の代表的なものとしては、「やることリスト」や緊急要件のメモになります。不要になるまで自然と読み返すもので、ある期間を過ぎたら捨ててしまって構いません。一方で、後者に入るのが備忘録やアイデアなどです。一時的なものと比べて読み返す頻度は低くなりますが、後々必要になってくるので、長期間保存することを意識して捨てないようにしっかりと保管をしましょう。

次に、数あるメモの中から探したいものを見つけるために整理する習慣をつけます。すでに必要のなくなった内容を残しておくと、大事な記録が埋もれてしまい、メモの検索性をダウンさせます。結果的に、仕事の効率を下げてしまうことにつながりかねないのです。

コツは週に一度や月に一度と期間を決めてメモを見直すことです。このタイミングで、処理したのに捨て忘れてしまっている「やることリスト」を廃棄します。「とっておくもの」については、そのあとに気になったことを調べたりしましょう。これを継続することで書き留めたアイデアが企画書に発展することも期待できます。

POINT
週に一度などメモを整理する期間を決めておく

ノート

ノート活用の原則は完璧を求めないこと

ノートは継続して書くことが大事です。そうすることで徐々に知識や情報を身に付けることができるからです。何も考えずにただ書き続ければいいというわけでもありません。

ここでは、効率的にノートを活用できるよう、いくつかの原則を紹介しましょう。原則に基づいてノートを書くことで、仕事の要点を漏らさないようになり、ミスを減らすことを目指します。

まずは基本的なことですが、**書く順番は時系列で統一**しましょう。見やすいようにと頑張ってカテゴリー分けをする人がいますが、実際に記入する際にどのカテゴリーに入れるか悩んでしまい、余計な時間を取られてしまうことが多いようです。読み返す際にも、時系列で書けば欲しい情報に直ちにアクセスできるメリットがあります。

次のポイントは、ノートに内容を書く前に、**基本情報として日付／カテゴリー／タイトルを書き入れる**ことです。項目が変わるときは、区切り線を書いて、新しい項目はその下から書き始めます。そうすることで見た目にもメリハリが生まれ、検索性が高まります。

一冊ノートを書き終えたら、表紙に使用期間を書き入れましょう。こうしておくことで、あとでノートを探す時間を短縮できます。

ノートを書き続けるコツは完璧を求めないことです。早く効果を求めすぎるのも挫折するきっかけになります。まずは肩の力を抜いて、書き続けることを意識しましょう。「継続は力なり」とはまさにノートについて言えることなのです。

POINT

きれいに書くより継続性を

ノート

日付／カテゴリー／タイトルで簡単検索

ノートには検索性を持たせる必要があります。せっかく書き続けても、どこに何が書いてあるのかわからなくなってしまってはもったいないです。必要な情報を探しやすい体裁こそが、ノートの価値を最大限に高めます。

検索しやすくするコツは索引を活用することです。基本的な考え方としては前項でも触れましたが内容を書く前に、日付／カテゴリー／タイトルを書き入れます。索引はこの3項目を元に作成すればＯＫです。

具体的に項目ごとにポイントを見ていきましょう。まず**日付は表記を8桁に統一**しましょう。西暦の4桁＋月2桁＋日2桁になります。例えば、２０２０年10月12日の場合は「20201012」となります。なお、元号は途中で変わる可能性もあるので、西暦を用いることをおすすめします。

カテゴリーは10～20個に分類します。例えば、「企画」「資料」「会議」「打ち合わせ」といった種類で分けていくとわかりやすいかと思います。ただ、過度にカテゴリー分けをしてしまっては逆に検索しにくくなるので、注意が必要です。

最後に**タイトルは書いた内容を一行で簡潔にまとめる**ことが大切です。具体的なキーワードを入れると、あとで探したり見返したりしやすくなります。

最終的にパソコンでノートの索引を記録、管理するようにできれば理想的です。そこまでを念頭においたノート作りを心がけましょう。

POINT

表記に統一性をもたせることで検索性が高まります

ノート

改行や余白を入れて見やすいノートに

文字を詰め込みすぎたノートは読みづらいものです。とくに男性にこの傾向があるのですが、見映えが悪くなってしまい、あとで見返す気も失せてしまいます。

これを改善するには改行や空白行をこまめに入れることです。これだけで劇的に読みやすくなるので、ぜひ実践してみてください。ノートは手帳と違い広いスペースがあります。あとから付け加えたい内容がある場合も、あらかじめゆとりをもって書いてあれば追加することも可能です。

では、具体的にあとから書き足しやすいノートを作るための工夫を紹介していきましょう。

まずは、ノートの右端から６センチくらいのところに縦線を引き、**あらかじめ余白を作ります。**この部分はいわば「ノートのメモ」です。書き留めていることについて疑問点や注意点があれば、ここに記入しておきます。そうすることで、後から調べることができ、ノート自体にもメリハリができます。

また、**１ページに１つの案件**というルールを設定しておくと便利です。こうしておけば、あとで書き加える必要が明白なときでも、ページ下部に書き加える際に十分なスペースを確保できます。

ノートに書いた内容に追加や修正が生じたら、書き足す必要があります。そのときは、もともとの文章がシンプルなほうが見やすく書き足しやすいので、長くても**40字程度を目安**に要点をまとめた書き方を心がけましょう。仕事をスムーズに進めている人ほど簡素な文章を用いているという傾向もあります。

POINT
慣れないうちは大胆に余白を取りましょう

ノート

5W2Hを意識すれば、要点を押さえたノート作りができる

ノートを書くことが不得意な人の傾向として、どんな内容でもとにかくたくさん書いてしまうことが挙げられます。しかし、それではすべてを書き留めようとするあまり、本当に必要なことを逃してしまいます。

そんな人はまずは「5W2H」を意識してみましょう。「5W2H」はビジネスシーンでは定番スキルのため知っている方もいると思いますが、ノート作りにもこの意識付けが役に立つのです。

まずはそれぞれの項目について説明します。

「Why／なぜ」目的

「What／なにを」具体的な内容

「Who／だれが」担当者・関係者
「Where／どこで」場所
「When／いつ」時間
「How／どのように」方法
「How much／いくら」予算、内訳

これらのポイントを意識することによってグッとノート作りがよくなります。重要なポイントを記録することができるようになり、**憶測ではなく正確な事実を書き留められるようになる**でしょう。仕事の中で「５Ｗ２Ｈ」にそった不明点があれば、すぐに確認を取る癖もつくと思います。

これはノート作りだけではなく、**報告書を作成する際にも役立つスキル**です。日ごろから習慣づけておくとよいでしょう。

POINT
ビジネススキルも同時に身に付く

ノート

メモや資料をまとめてノートに一括管理

打ち合わせや会議で書き留めたメモをノートに挟んだのに、いつのまにか紛失してしまった。そんな経験はありませんか。

デスク周りや引き出し、カバンの中を探しても見つからなければ大変です。データ化していたり、同僚などにメモした内容を聞ければよいのですが、一部の人間にしかわからない内容なら、思い出せない以上どうにもなりません。

このようなとき、解決手段としてクリアファイルにメモや資料をまとめておく方法がありますが、ここでおすすめするのはノートに一緒にメモをまとめる方法です。

まず、ノートに1つの案件を書きまとめたら、その次の見開きページの右側を斜めに切って半分にします。**上半分は切り取り、下半分を後ろのページの外枠部分に糊などを使って貼り付けます。**

これでお手製ポケットの出来上がりです。**案件に関連するメモや資料などを収納して保管する**ようにします。

この方法なら、メモを落として紛失してしまうことは減るでしょう。さらにポケットのあるページは厚みが出るので、挟んだメモを探しやすいという特性も生まれます。

POINT
ノートはカスタマイズ次第でいろいろな使い道が

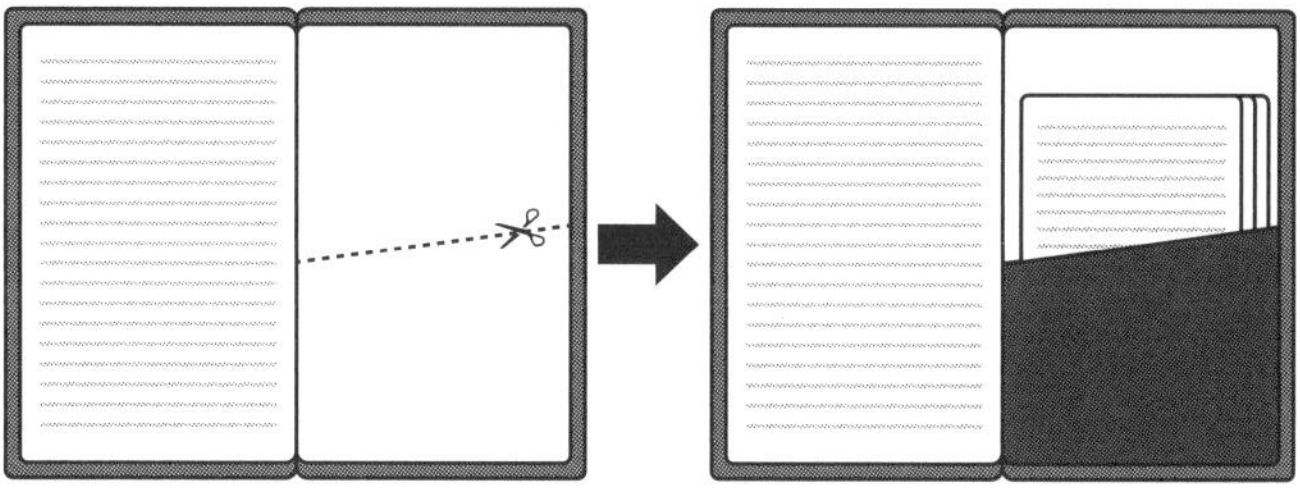

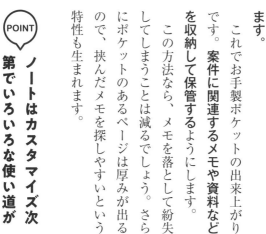

手帳

「目的達成」と「記録」のために手帳を使う

スマートフォンやタブレットなどのデジタル機器が、ビジネスの現場でも活躍していますが、使い勝手のよさにおいて手帳の優位性は揺らがないでしょう。やはり、「ページを開けば内容が一目でわかる即効性」というのは手帳の強みです。

ビジネスパーソンなら誰もが持っている手帳ですが、使いこなしている人は意外と少ないように思います。ではどうすればよいか。ポイントは「使い方」をはっきりと決めることです。これによって仕事の効率化を図ることができるようになります。

おすすめは「目標達成」と「記録」のために使う方法です。

例えば、目標達成では重要な案件を忘れないために**「やることリスト」**と**「スケジュール」を書き込む**ようにしましょう。この2つは1日の行動を決める上で欠かせないものになります。

記録では**その日得た情報やニュースで見たこと、覚えておきたいことを書き込むための「メモ」欄も作成**しましょう。こうすることで、そのページを開けば、その日1日の情報を一目で確認でき、履歴を簡単にチェックすることができます。

デジタル機器ではこういった項目を自分でレイアウトできません。また、情報を一目で確認することができず、行動決定に余分な時間を取ってしまいます。紙の手帳を使いこなして自分だけのオリジナルのツールにすること。それはスピーディーな意思決定につながっていきます。

POINT

毎日使うものなのでお気に入りの手帳を探そう

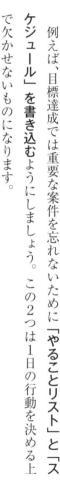

手帳

3つのルールで速い意思決定が可能に

手帳を最大限に活用するためには、一定のルールが必要です。ここでは3つのルールを紹介します。

①予定を即座に書き込む
②大事なことはすぐに書き込む
③常に手元に置き、予定を確認できるようにする

このルールを徹底することで、目標への進捗確認ができ、次の行動をスムーズに決定することができるようになります。

手帳はスマートフォンと違い、書き込めるスペースが物理的に限られていま す。ただし、それはデメリットではありません。むしろ、**スペースが限られているからこそ、重要なことを簡潔に記入することができ、その過程で情報を整理する能力が付く**のです。書く動作を介在することで用件を把握できるというメリットもあります。

手帳ではあくまでも一目で情報を得ることが目的ですので、**詳細な情報はパソコンに残しましょう。**手帳はあくまでもその情報を呼び起こす、索引のようなものととらえると、わかりやすいかもしれません。

電話帳や住所録などのデータはスマートフォンに入れておけばよく、手帳の用途は限られてきています。その役割は、本当にやらなければいけないことや、大事なことを明らかにすることなのです。

POINT **手帳とパソコンの役割を使い分ける**

手帳

色分けと付箋で手帳を使いこなす

仕事を受け身の姿勢でこなしていると能率が上がらず、生産性はダウンします。結果的にタスクに対するモチベーションが下がってしまうことが多くなります。そうならないためには、積極的に自分からスケジュールをコントロールする姿勢が必要です。能動的にコントロールしていると、やる気が出て、生産性もアップしていきます。

ビジネスパーソンにとって相棒ともいえる手帳は、目標、メモなどをまとめることができ、仕事には欠かせないツールです。もちろん、スケジュール管理やタスク管理にも絶大な効果を発揮します。

そんな手帳を最大限に利用する方法として、色分けと付箋を活用することをおすすめします。

例えば、手帳にタスクを記入する場合、**優先度の高さによって色を変更。**こうすることで緊急性の高いものが一目でわかり、スケジュールにメリハリがつきます。またクラインアントに関する情報や、仕事とプライベートの予定を色分けするなどの工夫も、一目で違いがわかるようになるので効果的です。

一方、付箋は貼ったり剥がしたりできるのがポイント。その特徴を生かしましょう。例えば未確定の仮アポイントを付箋に記入して手帳に貼付することで、**スケジュールに変更があっても順番を並び変えやすくなります。**

また、社内の人への伝言や簡単な資料制作といった雑務を、1件につき1枚の付箋を使ってリスト化するのも有効です。空き時間を見つけて処理できれば、剥がして捨てます。仕事の進捗状況を逐一把握できるようになります。

POINT

タスクに合わせて情報管理の方法を考えよう

手帳

記号や略字でメリハリのある手帳に

手帳はちょっとしたひと手間を加えることで、より見やすく、使いやすくなります。

書き込むスピードを上げたり、内容を一目で把握しやすくするためには、記号や略字、マーカー塗りが有効な方法です。ここでは3つのポイントを紹介しましょう。

①記号を使う
②マーカー塗りで視覚に訴える
③略字を使う

①では、期間や時間を表すのに「矢印」を用います。ほかにも**重要な箇所には★や■などの記号をキーワードの頭に付けましょう。**記号を付けることで想像以上に見た目のインパクトが強まり、メモにメリハリがつきます。

②は「業者」「デザイナー」「著者」といったように、**会う予定の人に応じた色分け**をします。また、自分の行動を「会議」「セミナー」「通常業務」と分けることで、仕事の行動パターンも把握できます。

③では、会議を「MTG」、直帰を「NR」、プロジェクトを「PJT」、アポイントメントを「AP」などの略字で表現します。

人に見られると困る言葉も、クレーマーは「C」、仕事後に大事なデートがある場合は「D」といったように、**略語で書いておけば、もし誰かに見られることがあっても恥ずかしくありませんし、問題になることもありません。**

POINT
自分だけの略語を作って書き込む速度をアップ

手帳

手帳のアドレス帳を活用する

いまではほとんどの人が、アドレスや連絡先の管理をスマートフォンで行っています。そのため、手帳に付いているアドレス帳を使用している人は少ないと思います。ですが、せっかくの空きスペースをそのままにしておくのはもったいないです。ここではアドレス帳を有効的に使うための方法を紹介しましょう。

アドレス帳は50音順やアルファベット順に区切られているのが一般的。この特徴を利用して読書リストやお店の情報など書き込むとよいでしょう。日常的に役立つ情報をメモできるだけでなく、元から索引が付いているので必要な情報が探しやすくなります。

例えば、読書リストとして使う場合は、名前の欄にタイトル、電話番号の欄に著者、住所の欄に読んだ感想を書きます。読書リストがたまっていくことで、達成感も味わえるでしょう。

お店の情報を記録する場合は、もちろん手書きで書いてもよいのですが、お店の名刺をそのまま貼ってしまうほうが早くて効率的でしょう。和食、洋食、中華といったようにカテゴリーに分けて貼るのもおすすめです。会食やプライベートでも役立ちます。

また、**備忘録《びぼうろく》として使うことも可能**です。テレビやラジオ、雑誌で見つけた行きたい場所や欲しいものをリスト化。休日のプラン作成に役立てることができます。

メモスペースが限られている手帳。使っていないアドレス帳のスペースを活用することで無駄なく最大限に使うことができます。

POINT

お店などをリスト化してプライベートでも役立てる

手帳

手帳を見直すタイミングは出社前、出社後、退社前

手帳にスケジュールを記入したことに満足して、そのままということはありませんか？　手帳を見る理想的なタイミングは出社前、出社後、退社前です。それぞれの目的は仕事の段取りを考えたり、進捗状況をチェックしたり、やるべきことの整理です。これを心がけることで、その都度、仕事の進め方の軌道修正ができるようになります。

もし忙しくてどうしても時間がない人でも、**隙間時間や移動時間など、少しの時間でもいいので手帳を見直す**習慣をつけましょう。そうすれば直近のスケジュールが頭に入り、仕事の締め切りを忘れてしまうなんてこともなくなります。

また、**過去の手帳を見返すこともおすすめです。**自分がどういった業務に時間がかかるのか、反対に思いのほかうまくいった業務など、自分の仕事の傾向が見えてきます。以前は3日かかっていた企画書作りが最近は1日もかからなくなったなど、成長の確認に使うのもモチベーションのアップにつながってよいと思います。

自分の仕事のパターンを知るために、手帳には予定を記入するだけではなく、**実際に案件が終了したタイミングも書き込みましょう。**あとから見返したときに自分のストロングポイントやウィークポイントを分析できます。

「やること整理」「スケジュール確認」「段取り決め」をすることができる手帳。その都度ごとにぜひチェックしてみてください。

POINT

使い終わった手帳も取っておきましょう

第5章

「思考」を
整えれば結果が出る

思いつきで取りかかる前に
タスクを整理して
効率よく仕事を片づけよう。

スケジュール

デキる人はアウトプットまでの見通しを立てる

あなたは仕事を進めるとき、行き当たりばったりで作業をしてしまうことがないでしょうか。経験を積んだ業務ならまだいいですが、初めての仕事でこうした進め方をすると、締め切りまでに間に合わなかったり、途中でつまずいて、始めから大幅にやり直したりといった事故が起きやすくなります。

仕事をするときには、見通しを立てることがとても大事です。例えば、2日後までに企画書を作成するとしましょう。まず、いつまでに情報収集し、書類の作成時間をどれくらいとるのかといった作業時間と行動を考えます。

1日目は情報収集、2日目は朝から企画書を作成し午後に提出と決めたなら、1日目の午前中はオフィスの外に出て自分の足で情報を稼ぐ、午後にはインターネットで幅広く情報を収集しようといったスケジュールを立てて行動します。そして、2日目には収集した情報を整理して、企画書を作成し提出する。一例ですがこのように考えます。

まずはざっくりとしたスケジュール立てでも構いません。行動や時間の区切りを決めておくことで、特定の作業だけに時間を集中させてしまうことを防ぐことができます。

また、進捗具合の遅れなども意識することができ、**取り組んでいる内容のスピードアップや締め切りに間に合わせる対策をその都度考え、行動できるようにもなっていきます。**

こうした心がけは、仕事の優先順位や所要時間などを考えて行動することに直結していきます。自然と効率的な仕事を進める力が付くのです。

POINT
スケジュールは緩く立てる

スケジュール

余裕を持ったスケジュールの立て方

仕事にアクシデントやトラブルは付きものです。そのため、スケジュールを組むときには、不測の事態に対応できるように予定を詰め過ぎないように設定することが重要になります。

余裕のないスケジュールを組んでいると、緊急事態が発生した場合など、その後の予定にしわ寄せが生じます。最悪、そのあとのアポイントや締め切りに間に合わないといった事態が起きてしまいます。

予定通りに仕事を回すために、**アポイントや業務の間に「予備時間」を入れておく**ようにしましょう。例えば移動時間に30分かかるところへ行く用事があったとしたら、その前後に10分ずつ予備時間を入れておきます。ミーティングが延長したり、作業が長引いたりした場合には、この予備時間を使います。

また、**そもそも実際にかかりそうな時間よりも想定作業時間を多く見積もっておく**のも一つの手段です。たくさんのタスクが詰まっていても、一つ一つのタスクに時間的余裕を持たせておけば、ちょっとした空き時間を作ることができます。たとえ作業が伸びたとしても、予定していた終了時間までには余裕があり、スケジュールが狂う可能性は少なくなります。

リスク管理は社会人として大切なスキルです。余裕を持ったスケジュールで仕事に取り組むことは、集中して効率的な作業ができるほか、リスク回避にも直結します。

POINT
何事も余裕を持って行動しましょう

スケジュール

逆算して効率的に仕事を進める

仕事をする上で、守らなければいけないことの1つが「締め切り」です。例えばプレゼンのためにどんなに優れた企画書や資料を作成したところで、締め切りに間に合わなければ、披露する機会はありません。そして自分の信頼もどんどん失われていきます。

締め切りをしっかり守るために実践してもらいたいのが、「逆算」する仕事術です。

簡単に表現すれば、**締め切りまでに必要な作業にどれくらいの時間がかかるのかを考え、準備し、締め切りに間に合うようにその作業を行う**ことです。

料理を例にするとわかりやすいかもしれません。19時にホームパーティーが始まるとして、18時45分にはセッティングしておきたい。料理には3時間はかかるだろうから、15時半までには食材を用意しておこう。買い物には1時間半くらいはかかるだろうから、14時には家を出ないといけない。このように最終段階から逆算してスケジュールを考えます。

仕事でも締め切り日から逆算して、いつまでにそれぞれの行動や作業を終わらせておくのか、また終わらせるためにはいつから始めるのかを決めて、そこから作業を始めましょう。

それぞれの時間が読めないからといってスケジュールを立てないのは論外です。予想でもよいのでスケジュールを立てましょう。その結果、実際の時間とずれていても、次に同じ作業をするときの基準になります。そもそもスケジュールを立てていなければ、この検証ができません。スケジュールを立てる癖をつけることで、次第に正しいスケジュール感覚が身に付いていくのです。

POINT

普段の生活の中でも時間を読む癖をつける

スケジュール

手帳に予定を「置いていく」

第4章でも触れたように、多くのビジネスパーソンは手帳をスケジュール管理の手段として使っていることでしょう。中でもページの縦軸に時間軸の目盛が記載されているバーチカルタイプは、その日の時間ごとの予定を視覚的にわかりやすく書き込むことができてスケジュール管理に便利です。

ただ、書き込む際に、予定の開始時間だけを書いている人がいます。それでは予定がいつ終わるのかがわかりません。書き込むときには、**仮でもよいのでかかる時間を予想し、開始から終了時間までを枠線にして時間軸目盛ごと線で囲む**ように書いていきましょう。

この感覚を言い換えると、手帳に予定を「置いていく」というイメージです。

スケジュール帳を俯瞰《ふかん》したときに、必要な時間が枠で囲まれていると、空き時間が一目でわかるようになります。**置かれた予定の長さ、数もすぐにわかり、その日の忙しさが直感的に把握できます。**クライアントと商談をしていて、次のアポイントを相談するようなときにも決めやすくなります。長い時間迷っていては、相手にもよい印象を与えません。

また、予定の性質によって囲む線の色を分けるのもおすすめです。例えば会議を赤、資料作成を緑と分けておけば、大事な予定を見落とすこともなくなるでしょう。

一日の終わりには、**実際にそれぞれの予定にかかった時間を検証しましょう。**例えばプレゼン資料作りに2時間予定していたところ、3時間かかったとします。それならば次からは3時間を見積もっていくことで、より正確な予定が立てられるようになります。

POINT

視覚に訴えるスケジュールを作ろう

タスク整理

複雑なタスクは細分化して処理する

スケジュールを立てたり仕事の効率化を考えたりする際には、まずタスクをリストアップする必要があります。タスクとは業務を構成する「やるべきこと」です。例えば3日かかる業務を一つのタスクと考えてしまうと、スケジュールを立てることは難しくなります。

そこでまず、各業務を細かいタスクに分けていきます。このときポイントになるのが、タスクの大きさです。例えば、企画書を作るという作業は、**「情報収集」「市場分析」「アイデア発想」「文書化」といった4つのタスクに細分化できます。**

このように大きな作業を分割した場合は、各タスクに関連性があることが多く、全体を効率よく処理するには、各タスク処理の順序をしっかり考えてから取り組んでいく必要が出てきます。この場合は「情報収集」→「市場分析」→「新規アイデアを考案」→「文書化」と考えがちですが、仮に市場分析を他者に頼む場合はどうでしょうか。情報収集をするより先に市場分析を進めてもらったほうが、全体の過程は早く進みます。

また、「営業成績を上げる」といった**抽象的な目標を設定した場合は、その目標に向けてやるべきことを細かくタスク化**しておくと、やることや目標達成までの進捗状況、達成状況が把握しやすくなります。例えば1カ月で60件契約すると設定すれば、1週間で15件の契約が必要になります。1日に換算すれば3件。そうして段階的にタスクを分けることで、確実に前進できます。また、一つ一つのタスクをクリアした達成感でモチベーション維持にも役立ちます。

POINT

タスクを分割して具体的にすることで作業目的も明確に

タスク整理

作業の「見える化」でケアレスミスを防ぐ

多くの案件を抱えているときや複数の業務を同時に進行させている場合に起きやすいのが、締め切り忘れやケアレスミスといったヒューマンエラーです。その発生原因の大半は、頭の中の情報を整理できていないこと。うっかりミスを犯したときは、すぐに作業の「見える化」を行って、ミスを防ぐようにしましょう。

まず、付箋とノートを用意します。次に、**いま抱えている業務をできる限り細分化して、そのタスク一つ一つを付箋に書き出していきます。**付箋1枚につきタスク1つです。そして、その**付箋を白紙のノートに、関係性の高い項目ごとに区分けして貼り付けていきます。**

すると、別々の案件であっても同時に処理できるタスクがあったり、締め切り日が同じ別々の作業があったり、やり忘れていたことがあったりします。効率的なやり方も見えてくるでしょう。

このように、自分が抱えている作業を整理しながら見える状態にして、区分けしていくことで頭の中を整理でき、単純ミスなどのヒューマンエラーを防止できるのです。

手帳やメモなどで予定などを書き出し持ち運んでいるビジネスパーソンは、このような作業は必要ないと思うかもしれません。しかし、急に忙しくなってしまったときなど、書き出しが追いつかず頭の記憶に頼ることがあると思います。往々にして、ケアレスミスはこうしたときに起こります。「見える化」をする日時を定期的に決めて、頭の中を整理しながら仕事を進めましょう。

POINT

付箋とノートを使って頭の中を整理

タスク整理

タスクが多いときは「やらないこと」を見つける

多くの仕事を同時に抱えたときに、どこから手をつけてよいのかわからず、悩んでしまうことがあると思います。手が止まり、貴重な時間が過ぎてしまえば焦る気持ちも出てきます。そのようなときは、落ち着いてタスクを整理していきましょう。

まず、すべてのタスクの中から「やらなくていいこと」を見つけます。焦っているときは、「何からやるか」の判断がつきません。物事の優先順位がわからない。そこで逆にやらなくてもいいことを取り除いていきます。

「やらなくていいこと」は次の2つに分けることができます。

①いまやらなくてもいいこと

②自分でやらなくてもいいこと

①はあとでやっても問題ないタスクです。資料のファイリング、急ぎではないメールの返信などです。**②は他人に任せられるものです。**これは仕事によってさまざまですが、自己判断できないものもあるので、周囲の人や上司に確認しましょう。どの程度任せたらよいのかという判断も、確認の必要な場合があります。

大事なのは、**タスクを任せた相手へのフォローを忘れずにすること**です。その場では忙しくて手が回らなくても、空き時間ができたらすぐにタスクを戻してもらいます。任せっぱなしは相手の信頼を失うことにもつながります。

このように「やらないこと」のタスクを先に片づけていくと、タスクの数が減り、いま自分が手をつけるべきタスクが見えてきます。

POINT
仕事を任せた相手には必ずお礼を

タスク整理

自分宛てのメールでうっかりミスを回避する

取引先の会社など相手先を訪問する際、その会社に近づいたとき、または移動中にふと相手の役職名を忘れてしまった経験はありませんか?

ひどい場合は、面会する直前に相手の名前を忘れてしまうこともあるかもしれません。以前いただいた名刺をカバンの中から探しても見つからない。そうしている間にアポイントの時間が迫り、あたふたとしてしまう。あるいは個人事務所や個人宅を訪ねた際に先方の部屋番号がわからず、マンションのエントランスで途方にくれる。

こうしたことを防ぐ方法が、自分宛てのメールです。**忘れてしまいそうな情報や大切な情報を得たときは、その内容を自分宛てにメールしておきます。**相手の情報であれば、会社名、住所、電話番号、役職名、名前。いざというときにはスマートフォンで簡単に確認できます。名刺を写真で撮ってメールに添付するといったやり方でもよいでしょう。

相手先との案件に関わるタスクや注意事項なども送っておけば、相手と会う直前に確認することもできるので安心です。あるいは前回会ったときに趣味や出身地の話をしていたのであれば、そうした情報もメールしておきましょう。自分の話を覚えてくれている相手には、好印象を抱くものです。

この方法はスマートフォンのメモ機能などでもよいのですが、社内のパソコンと外出先、どちらでもチェックするためには、やはり「Gmail」などのサービスが便利です。それに、メールソフトに情報を一元化しておくことで、どこに情報があるのか迷わなくて済みます。また、検索機能を使えばすぐに情報を引き出すことができます。

POINT
間違えて相手先にメールを送らないように

タスク整理

スキマ時間の有効活用が仕事の効率を上げる

仕事が早い人は「スキマ時間」を大切にしています。例えばタクシーや電車移動などの短い距離の移動時間、会議前の待ち時間、中にはトイレに移動する間にもスマートフォンで仕事を進めるという人もいます。広い意味で読書もスキマ時間の有効利用といえるでしょう。

意識しなければ3分や5分という時間はすぐに経ってしまいますが、そうしたときに短い時間でできるタスクを片づけることで、結果的に時間に余裕が生まれます。

こうした時間に気分転換にとスマートフォンを見たりする人もいると思いますが、実際には大した気分転換にもならないのではないでしょうか。ほんの5

分と思っていたのがずっと見続けてしまい、気付けばあとの仕事に支障をきたすということもあるでしょう。

スキマ時間にできることは意外と多いものです。代表的なものはメールチェックや資料に目を通すこと。あるいは仕事に必要な情報収集にあてる人もいます。**基本的に、急ぎではない仕事をスキマ時間に行いましょう。**スキマ時間はいつあるかわかりません。そこに急ぎの仕事を入れてしまうと、全体のスケジュールが狂ってしまう可能性があります。

スキマ時間用の仕事を決めて、資料をクリアファイルにまとめておく。それをカバンに入れておいて、いつでも片づけられるようにしておく。メールは敢えて社内でチェックせずに移動中に処理する。1回数分でも、積み重なれば大きな差になります。

POINT
スキマ時間を作り出す工夫も

タスク整理

「TODOリスト」を作ってやるべきことを明確に

ここまで説明したタスクの整理に慣れてきたら「TODOリスト」を作ってみましょう。やるべきタスクを書き並べて、終わったものからチェックマークを付けたり線で消したりするものです。TODOリストは多くの人が知っているビジネススキルですが、ここでは3つのポイントを意識したTODOリストを紹介します。

①優先度の高いタスクから順に書く
②締め切りと所要時間を記入する
③スキマ時間のタスクは別枠にする

①は、優先度の高いタスクを並べることで、上から順にやっていけばよく、次に何をすればいいのか迷うことがありません。
②ですが、TODOリストを作る際、リストの項目（タスク）をどこまで分割すればよいのか悩む場合があります。ここでは、**基本的には3時間以内で終了するタスクまで分割**するようにします。それ以上の長時間になると、そのタスクがどこまで進んだのかわかりづらくなってしまいます。
また、長時間のタスクを設定すると、取り組んでいるうちに緊急性のある別のタスクが入り込んでくる可能性が高くなります。タスクの処理を中断しなければいけなくなり、これもどれくらい時間をかけてタスクがどれだけ進行したかがわかりづらくなってしまいます。
③のスキマ時間のタスクは、TODOリストに入れないようにします。前項で説明したように、スキマ時間には急ぎではない仕事を当てましょう。その日に片づけることができなければ、次の日に先送りしていきます。

POINT

スマートフォンのTODOリストも活用しよう

効率化

タイムリミットを常に意識して生産性を向上させる

どんな仕事でも、質を落とさない範囲で短時間に終えることが理想的です。5分でできる仕事にダラダラと30分もかけてしまったりすると、そのあとのタスク処理に時間的なしわ寄せがきたり、その日のうちに仕事が終わらず翌日に持ち越しにしたりと、さらなる無駄な時間の浪費や生産性の低下をまねきます。

自分の作業効率が悪いと感じるときは、それぞれの仕事に締め切りを設けてみましょう。**実際にその仕事を終えなければいけない時間ではなく、自分の中で作る締め切り**です。「この時間内にこれをやる」と決めて、集中してやり遂げる。これがとても大事です。

意識を高めるためには、見えるところにその締め切りを書いておくことが有効です。例えば付箋に、「資料作成10時まで」「情報収集11時まで」と書いて、パソコンの端に貼っておきます。自然と時間を意識するようになり、集中力も増していきます。

それでも時間を意識することが難しければ、仕事後に何か予定を入れてしまうという方法もあります。習い事や食事会など、その時間までに終わらせなければならない状態を意図的に作ります。時間に追われて焦ってしまい、ストレスやミスにつながれば本末転倒ですが、いい緊張感が仕事のパフォーマンスを上げるはずです。

このように集中してやり遂げることを日々実践していくと、自ずとダラダラと仕事することも減り、生産性も上がっていきます。

POINT
少し無理がある締め切りのほうが集中力が増します

効率化

重要度の低い仕事から取りかかり、仕事のスピードを上げる

いつも時間が足りないと感じている人は、前項のようにタスクを整理しましょう。ただ、日々忙しく働いているビジネスパーソンは、タスクが山積みなはずです。その膨大なタスクを片づけている最中にも、上司からは「急ぎで」と新たな仕事が振られ、さらにタスクがたまってしまいます。

タスクの数が増えていくとストレスもたまり、ひいては目の前の仕事をこなす効率にも影響します。そうしてタスクを片づけられなくなっていく悪循環に陥りやすくなるのです。

タスクの整理もできず、仕事がどんどんたまってしまう状況のときは、すぐに完了できる重要度の低い仕事から始めてみてはいかがでしょうか。メールの

返信や回覧書類の処理など、**すぐにできる仕事から片づけていけば、タスクはどんどん減っていきます。**すると、気持ちも楽になり、ストレスの解消にもつながります。

そういったタスクは**「一度で終わらせる」、そして「なるべく早く行う」**ことを習慣づけましょう。重要度が低いタスクを何度も見直したり、完璧な仕事を目指して時間をかけたりすると、仕事のペースが下がり、やる気も軽減してしまいます。

これは難しい仕事に集中し切れないときにも有効なやり方です。簡単な仕事を片づけていくことで集中モードのスイッチが入り、気付けば取り組みづらかった仕事を一気に片づけることができる。そうした効果も期待できます。

POINT

コツコツやることが仕事を片づける近道

効率化

頭を使う仕事は午前中に片づける

午前中は「仕事のゴールデンタイム」といわれています。脳科学の研究によると、**人間は睡眠中に記憶の整理を行い、朝起きたときには、脳がさまざまな情報を処理できる状態にリセットされている**そうです。

そのように脳がフレッシュな状態のときは「頭を使う仕事」に適しています。集中力が必要とされる仕事は、午前中に済ませましょう。

一方でランチ後の数時間は眠気が出やすくなります。これは人間の生体リズム上、避けることができません。**午後の始めの時間は、頭を使う仕事には向きません。**考える仕事よりも、単純な事務処理や、作業系の仕事に取り組むほうが有効です。あるいは移動時間にあてるのもよいでしょう。そうしているうちに眠気が取れ、また集中できる時間帯がやってきます。

1日の勤務時間を8時間とすると、午前中の3時間を「集中タイム」、ランチ後の2時間を「作業タイム」、そこから退社までの3時間を「サブ集中タイム」と分けて考えましょう。1日の脳のサイクルにうまくタスクを合わせていけば、より効率的に仕事ができます。

ちなみに、仕事がデキる人は出勤時間が早い傾向にあります。「集中タイム」を長くし、生産性の高い仕事をより長くできることで、結果も出ているのだと思われます。

もちろん、そうした人が脳の働きを理解しているかどうかはわかりませんが、無意識のうちに、普段から体や頭の状態と仕事との効率的な組み合わせを考えて取り組んでいるようです。

POINT

1日の初めに「作業タイム」用の仕事を決めましょう

効率化

仕事は一度「頭から消す」ことで完成度が高まる

忙しいときほど、休憩を挟まず長い時間仕事を続けてしまいます。簡単かつ時間のかからない仕事であれば、スタートから完了まで一気に片づけてしまっても問題はありません。しかし、**クオリティが求められるような仕事に取り組んでいる場合は、作業を数回に分ける**ようにしましょう。

例えば、次の会議でどうしても通したい企画書を作るとします。作成に5時間かかるとして、5時間続けて企画書を作成していれば、必然的に集中力は落ちていきます。人の集中力は長時間続きません。同じ作業を続けることで、そのクオリティはどんどん低下していきますし、アイデアも煮詰まってしまいます。

この場合であれば、作業を2時間、2時間、1時間と区切りましょう。理想的には日をまたいで、1日目2時間、2日目に2時間、3日目に1時間と分けます。その仕事をいったん「寝かせる」という感覚です。頭の中からその作業のことがなくなる時間を作ります。

仕事を分割することで脳がリセットされ、新しいアイデアが浮かんだり、最初は気付けなかった書類の不備を見つけたりすることもできます。また、第三者の目で内容を精査してもらいながら進めることもできます。

時間効率が悪いようにも思えますが、複数のタスクを同時進行していく形にすれば、無駄はありません。集中力は1つの仕事を長時間行うより複数の仕事を交互にしていくほうが長く続きます。

さらに、この方法を取ることで複合的に予定を考えられるようになり、よりレベルの高いスケジュール感覚も身に付いていきます。

POINT
集中力がなくなったら仕事を切り替える意識を

効率化

仮説はその予想が外れても役に立つ

初めて取り組む仕事があるとき、「とりあえずやってみよう」とチャレンジする姿勢はとても大事です。わからないからといって手を付けないのであれば、いつまで経っても仕事は片づきません。

ただ、そのとき何も考えずに仕事に取り組むのは考えものです。仮にうまくいったとしても、なぜうまくいったのかがわからず、ノウハウが残りません。また新しい仕事に取り組むときにも、ゼロからのスタートになります。成功する確率が上がっていくことはありません。

仕事の取り組み方の1つとして、仮説を立てて進めようということがよく言われます。**進行の順番、必要な時間、その結果を想定し、その案件をスタート**

します。この考え方は非常に有効です。仮説通りに仕事が進めば何よりですし、仮に仮説が外れていたとしても時間の無駄にはなりません。
なぜなら、**再度仮説を組み立て直すとしても、すでに一度調べている状態なので、その案件が未知の領域ではなくなる**からです。始めに仮説を立てたときに比べ、短時間でより正確な仮説が立てられるでしょう。

仮説はあくまで仮のものです。効率よく仕事を進めるために立てただけなので、間違っていても落ち込む必要はありません。むしろ1回で正解にたどりつくよりも、複数の視点から検証できたことでより理解が深まります。
仮説を立てるときには、その時点で自分や周囲の人がわかる範囲内で、なるべく客観的に、可能性の高そうな過程を考えていきましょう。そうして常に知恵を最大限出力する癖をつけることで、どんどん思考が研ぎ澄まされていきます。

POINT
仮説は何度も組み立て直すことで精度が高まる

アイデア発想

付箋を使って思考のモヤモヤを解決

つい頭の中だけで考えてしまい思考が入り交じってしまう、そんな経験がある方も多いと思います。そういうときは、一度付箋にすべてを書き出してみてください。

付箋に書く内容はなんでも構いません。今日の夕飯の献立から明日のクライアント向けのプレゼンテーションのこと、来月の娘の誕生日プレゼントや週末の予定など、重要度や時間軸は気にせず、頭の中にあるものをすべて書き出します。大事なのは、**考える前にとにかくなんでも付箋に書き出してしまう**ことです。付箋に書くことによって自分の思考を目視《もくし》でき、客観的に課題に取り組むことができるようになります。

書き出した付箋はＡ４用紙にジャンル分けをして集約します。思考が整理されるとともに、意外な共通点に気づいたり新たなアイデアが生まれたりという効果が期待できます。その際、付箋の色を統一する必要はありません。さまざまな色が視界に入ることによって脳が刺激され、思わぬ発想が生まれることも期待されます。

ラジオで聴いた印象的な言葉や、「別府温泉に行きたい」といった希望など、ジャンル分けが難しい情報もあるかと思います。そこでおすすめなのが、それらを「アイデアノート」に貼り、定期的に見直す方法です。以前のアイデアが今後に活きてくることもあるでしょうし、当時考えていたことを振り返るのにも役に立ちます。

POINT
付箋は常に持ち歩く

アイデア発想

アイデアは紙にメモしてこそメリットがある

さまざまな仕事の中でも、新しいアイデアが必要なもの、いわゆる「ゼロイチ」が求められる仕事は、大変なものです。時間をかけたからといって仕事が進んで行くわけではなく、スケジューリングも難しくなります。

アイデア発想には、常に頭の中に思い浮かんだ言葉や、生活の中で目にした情報を収集していく必要があります。一概には言えませんが、机の前で唸《うな》っていても、新しいアイデアは降りてきません。普段から自分の引き出しを増やしておくことで、あるときそれらの要素が結び付き、新しいアイデアとなって生み出されるのです。

普段の生活の中で、突然とりとめもないフレーズが浮かんできたり、ちょっ

とした アイデアの骨格部分を思いついたりなど、書き留めておきたいことが断片的な状態で頭に浮かんでくる、そういった経験は誰にでもあるのではないでしょうか。

そうしたときは、すぐにメモを取りましょう。この場合は紙のメモ帳やノートをおすすめします。デジタル製品が普及している現代では、ノートパソコンやスマートフォンに打ち込んでしまう人も多いでしょうが、アナログだからこそのメリットがあるのです。

まず、**行動そのものがデジタルに比べて手早くできる**ことです。長文ならパソコンのほうが速いかもしれませんが、すぐに取り出すことはできません。時間が経つうちに思い付いたイメージを忘れてしまうこともあります。

そして、手書きは自由度が高いということも大きなメリットです。矢印をつけたり、丸で囲ったり、**頭の中のイメージをより正確に具現化できます。**アイデア発想のためのメモは、やはり手書きが一番なのです。

POINT
多色ペンを使うとイメージを具現化しやすくなります

メンタル整理

3行日記で仕事のストレスを整える

日々、多くの仕事を抱えていると不安な気持ちになって落ち着かないものです。そうした状態が続くと心も乱れた状態になり、ケアレスミスやイライラの原因になってしまうこともあります。

そんなときにおすすめなのが「3行日記」を書くことです。

忙しいのに日記なんて始められないと思う人もいるでしょうが、これはその名の通り、1日の出来事を3行で書き記すものです。時間もかからないので、忙しい方でも続けていくことができるはずです。

3行日記の目的は、業務内容を書くためのものではありません。仕事の内容やコツは、業務中にノートやメモに書き残している人がほとんどでしょう。

ここではあくまで、**メンタルを整えるために1日の仕事の中で自分がどう思ったのかを記します。**書くという行為は頭の中を整理するのに有効です。さらに、それをアウトプットすることで思った以上に頭と心はスッキリします。メンタルを整えることは、よい仕事に直結します。

具体的な書き方について説明しましょう。

1行目はまず、その日の出来事や自分の行動を書きます。一番印象に残ったことや、仕事上のミス、意識的に行った行動を一つに絞り込むとよいでしょう。

2行目は出来事に関して、気付いた点、感じた点などを書きます。**主観的でも構いません。あなたの感情を吐き出しましょう。**

3行目はその日の行動による結果やあなたの感情について、感想や教訓を書きます。注意すべき改善点もはっきりして、次に生かすことができます。

POINT

書く内容は1つだけに絞りこむ

メンタル整理

望みを叶えるための思考で前向きに

仕事のこと、プライベートのこと、私たちが考えなければいけないことはたくさんあります。忙しい日々の中でその数はどんどん増えていき、自分が何を考えて判断していけばよいのかがわからなくなってしまうこともあります。

こうしたときは、意識的に「思考整理」を行いましょう。目的は2つです。

1つ目は**自分が抱えている問題が「悩み」なのか「望み」なのかを区別する**ことです。せっかくポジティブな「望み」が頭に浮かんでいても、思考が整理されていないとネガティブな「悩み」と混同してしまい、心の負荷になることもあります。

2つ目は、**問題を客観的に見ること**にあります。問題が頭の中に詰まっているうちは、その問題の本質を認識できないことが多いものです。

方法はシンプルです。頭の中に浮かぶワードをノートに書き出します。「仕事が面倒くさい」「書類を作らなければいけない」「成績を上げたい」「隣の同僚が嫌だ」「もっといい生活をしたい」「おいしいものが食べたい」「休みたい」……。いくらでも出てくると思います。

次に、それを望みと悩みに分けます。「○○したい」「○○になりたい」は自分の望みです。「○○したくない」「○○しなければいけない」「○○が嫌だ」は悩みになるでしょう。多くの場合、悩みは考えてもどうにもならないことのほうが多いものです。望みだけにフォーカスしましょう。

すると、その望みを叶えるためには何をすればいいかを考えられるはずです。人は自分の希望を叶える方法を考えることで気持ちも明るくなります。望みを叶えようとする思考自体が、自分のメンタルを整えてくれるのです。常に自分をよりよい方向に進めることを意識して、毎日を過ごしてください。

POINT

朝行うと1日を気持ちよく始めることができます

あとがき

机や身の周りが片づくと、気持ちがスッキリすると思います。目の前の仕事にも集中でき、もちろん成果も上がります。

心理学者で立正大学の齋藤勇名誉教授は「机が整理された人は、社会的秩序を守る傾向が強く、締め切りを厳守してチームの和を乱さないタイプである」とあるインタビューで語っていました。机を見ると、その人の頭の中がわかるとも言われますが、机が汚い人はやはり頭の中も整理できていないのかもしれません。

あなたの机の上を見てみましょう。あなたの性格や仕事に対する傾向が表れているかもしれません。もし、整理されていないのなら、すぐに片づけ始めてみてはいかがでしょうか。

本書は、仕事で「スピード」＋「質」＋「結果」を手に入れる最強の片づけ術と銘打ち、ビジネスシーンにおける片づけ、整理の方法を紹介しました。机周りや書類などの仕事に使う「モノ」の片づけだけではなく、ノートや手帳を使った情報の整理、スケジュール管理やタスク整理と仕事の効率化、そして思考の整理まで取り上げました。片づけをすると、仕事の生産性が上がります。無駄のない効率的な仕事の進め方などにも触れましたので、そちらも参考にしてみてください。

あなたが、タイトルとはまったく逆の「仕事が遅くてミスばかりの人」なら、紹介したモノの片づけ、仕事の整理の中から簡単そうだなと思えるものを試してください。ミスが減り、生産的な仕事時間が増えるでしょう。「仕事が速くてミスがない人」はもうすぐそこです。

大掃除や片づけをする機会もあると思います。そのタイミングからでも構いません。1日1つでも大丈夫です。あなたの身の周りがきれいに片づくことによって、仕事効率が上がり、そのことがより楽しい生活につながれば、こんなにうれしいことはありません。

清水申彦

参考文献

『図解　ミスが少ない人は必ずやっている「書類・手帳・ノート」の整理術』（サンクチュアリ出版）
『生産性2倍の整理術』（ＰＨＰ研究所）
『あなたの1日を3時間増やす「超整理術」』（ＫＡＤＯＫＡＷＡ）
『仕事がサクサクはかどる　コクヨのシンプル整理術』（ＫＡＤＯＫＡＷＡ）
『〝オフィスのプロ〟だけが知っている　キングジム　人も組織もうまくまわりだす超整理術213』（ＫＡＤＯＫＡＷＡ）
『デスクワーク整理術』（三笠書房）
『仕事が速い人ほど無駄な時間を使わない！超速片づけ仕事術』（かんき出版）
『オトナ女子の整理術』（新星出版社）
『仕事ができる人の頭の整理学大全』（青春出版社）